Sicher die eigene Position vertreten.

Klarheit gewinnen, über das, was Du im Leben wirklich willst.

Entscheidungen nicht mehr hinauszögern, sondern zielsicher und ergebnisorientiert treffen.

Deine Fähigkeiten kennen und profitabel einsetzen, um zu Freiheit und Wohlstand zu gelangen.

Deine Marktposition gestärkt einnehmen, ohne im ständigen Konkurrenzkampf zu stehen.

Deine Träume verwirklichen und ab heute keinen Kompromiss mehr leben.

Das wünsche ich Dir mit diesem Buch.

Stephy Beck

Bibliografische Information der Deutschen Nationalbibliothek
Die Deutsche Nationalbibliothek verzeichnet diese Publikation in der Deutschen Nationalbibliografie; detaillierte bibliografische Daten sind im Internet über http://d-nb.de abrufbar.

Wir sind ein relativ junger Verlag und sehr dankbar für jede Art von Feedback. Sollten Sie daher **Anregungen oder Fragen** haben, würden wir uns sehr freuen, von Ihnen zu lesen.
info@cherrymedia.de

Originale Erstauflage

Alle Rechte, insbesondere Verwertung und Vertrieb der Texte, Tabellen und Grafiken, vorbehalten.

Copyright © 2020 by Cherry Media GmbH

978-3-96583-437-8	Softcover
978-3-96583-439-2	Kindle eBook

Redaktion: Ing. Matthias Pajek, Reinhardt Bleikolm
Korrekturat: Matthias Kramer
Typographie & Satz: Anna-Katharina Bleikolm
Druckerei/Auslieferung: WirmachenDruck.de / Runge Verlagsauslieferung

Impressum:
Cherry Media GmbH
Bräugasse 9
94469 Deggendorf
Deutschland

Weitere Informationen zum Verlag finden Sie unter:
www.cherrymedia.de

Wir wünschen viel Vergnügen beim Lesen!

DEIN GESCHENK:

2 ONLINE-EVENT TICKETS DER STEPHY-BECK-AKADEMIE

Ich freue mich riesig, dass Du Dir mein Buch gesichert hast! Hier habe ich mein ganzes Herzblut reingesteckt.

Als Dank möchte ich Dich zu einer Weltpremiere einladen!

Dem Online-Event der STEPHY BECK AKADEMIE.

» Einem Event, das Dir in Zeiten des globalen Wandels und mit vielen Herausforderungen maximale Energie gibt, um mehr zu Sein, wer DU bist.

» Einem Event, das Dich 100 % motiviert, die nächsten Steps zu machen für mehr Erfolg & Wohlstand.

» Einem Event, wo Du umgeben bist von Gewinnern und das, obwohl Du zuhause bist.

Zögere, also nicht und sichere Dir noch heute Dein Geschenk!

Scanne dazu einfach den QR Code (empfohlen)

Oder besuche folgende Website:

https://klickehier.com/buchseminar-eventticket

Ich freu mich auf Dich und wünsche Dir maximalen Erfolg,

Bis dahin - Stephy Beck

Inhalt

MEIN PERSÖNLICHER BRIEF	1
WAS DIESES BUCH FÜR DICH BEREITHÄLT	5
ALLES, WAS WIR UNS WÜNSCHEN	
(DIE ABSOLUTE POSITION)	9
FÜR WEN SICH DIESES BUCH EIGNET	11
DAS GEHEIMNIS WOHLHABENDER MENSCHEN	15
DIE GESCHICHTE VOM UNERFÜLLTEN	
UNTERNEHMENSBERATER	17
DAS RAD DES LEBENS	25
ALLES, WORAUF ES ANKOMMT	
(ZWEI ERFOLGSGEHEIMNISSE)	31
DU BIST ALLES ALLES BIST DU	35
DIE GROSSE KRISE	39
ÜBUNG: WARUM TUST DU DAS, WAS DU HEUTE TUST?	42
STORY: EINE UNTERNEHMERISCHE CHANCE	43
ÜBUNG: IN MEINEN AUGEN BIN ICH ERFOLGREICH, WENN …	49
ERFOLG	51
DER FALSCHE BUS (BEVERLY HILLS)	53
ÜBUNG: ALL DEINE WÜNSCHE	57
WER NICHT WEISS, WAS ER WILL, WIRD ES AUCH NICHT	
BEKOMMEN	59
HIGHWAY DURCH DIE WÜSTE	65
WAS IST DEIN (LEBENS-)ZIEL?	67
STORY: DER ÄNGSTLICHE JÄGER	68
WAHRNEHMUNGSSCHÄRFUNG	71
ZIELSCHÄRFUNG	75
ÜBUNG: DEINE PERSÖNLICHEN WERTE	76

STORY: DIE TOCHTER, DIE ‚NIE GENUG' WAR ...	79
ÜBUNG: MEINE WERTE	92
ÜBUNG: MEINE ANTI-WERTE	96
BEISPIEL: GLÜCK ALS WERT	98
ÜBUNG: STIMMEN DEINE PERSÖNLICHEN WERTE MIT DEINEN BUSINESS-WERTEN ÜBEREIN?	99

CIRCLE OF PASSION 101
ÜBUNG: 4 ANTWORTEN ZUR SINNFINDUNG	102

WAS DU NICHT WILLST 103
STORY: DER „FALSCHE" WUNSCH ...	104
ÜBUNG: BEWUSSTSEIN ÜBER DAS, WAS DU NICHT MEHR IM LEBEN MÖCHTEST	131

IRRGLAUBE (LEBENS-)ZEIT 109
STORY: DER ALTE WEISE MANN	111
STORY: DIE ANGST, JEMAND GELIEBTEN ZU ENTTÄUSCHEN	120
STORY: MANIPULATIVE FREMDBESTIMMUNG	125
ÜBUNG: DEIN EIGENES ZEITMANAGEMENT	130
ÜBUNG: DEIN TAGEBUCH	131

WENIGER TUN, MEHR GEWINNEN 133
ÜBUNG: DOKUMENTIERE DEINE ‚NORMALE' (ARBEITS-)WOCHE	135
ÜBUNG: DER BRIEF AN DICH SELBST ...	139
ÜBUNG: ZIELDEFINITION	143

WAS DIE MEISTEN MENSCHEN VON IHREM GROßEN ERFOLG ABHÄLT 145

DEINE BITTERBÖSE ANGST 147
ÜBUNG: STELL DICH DEINEN ÄNGSTEN	149

DEINE ANGST IST VÖLLIG UNBEGRÜNDET 151
STORY: KINDER	152
STORY: DAS KIND, DAS IMMER MUTIG IST UND SICH ALLES ZUTRAUT	*153*

ÜBUNG: 10 DINGE, DIE DIR ZULETZT SORGEN BEREITET HABEN 156
ANGST VOR GELD **157**
BEISPIEL: GELD IN DEIN LEBEN ZIEHEN 160
ÜBUNG: GELDGLAUBENSSÄTZE POSITIV UMFORMULIEREN 161
ABSCHIEDSBRIEF AN DEINE ANGST (ERFOLGSTREPPE) **163**
STORY: DIE HERAUSFORDERUNG IST NUR EINE NEUE ETAPPE FÜR WACHSTUM 165
ÜBUNG: [SCHRITT 1] DEINE ÄNGSTE BEWUSST WAHRNEHMEN 167
ÜBUNG: [SCHRITT 2] ÄNGSTE LOSLASSEN 169
REICHE MENSCHEN SIND BÖSE **171**
ÜBUNG: DEINE ‚GELD'-SORGEN 173
DEIN GROßER DURCHBRUCH **175**
CHECKLISTE 175
POSITIONIERUNG **179**
DIE UNBEWUSSTE POSITIONIERUNG **183**
DIE EINFACHHEIT LIEGT IN DER RICHTIGEN POSITIONIERUNG **185**
DAS GEHEIMNIS EINER GUTEN POSITIONIERUNG **187**
DEINE ZIELGRUPPE **191**
CHECKLISTE: DEINE WUNSCH-ZIELGRUPPE 192
DAS BEDÜRFNIS MEINES ABSOLUTEN TRAUM-KUNDEN **201**
UMSETZUNG 201
DER RICHTIGE UMGANG MIT DEINER ZIELGRUPPE **205**
DAS ENDE MEIN WUNSCH FÜR DICH **219**
ÜBER DIE AUTORIN **221**

Kostenfreies e-Book & Hörbuch inklusive

Beim Kauf jedes Taschenbuches von Cherry Media sind das **e-Book**, **spannende Bonusinhalte**, sowie das **Hörbuch kostenfrei** für Sie **inkludiert**. Gehen Sie dazu einfach auf:

https://link.cherrymedia.de/EPUB

oder scannen Sie den abgebildeten QR Code. Auf der Website können Sie dann Ihren einmalig gültigen Zugangscode eingeben.

Den Zugangscode zu Ihrem kostenfreien e-Book, Hörbuch und zu den Bonusinhalten finden Sie auf der **Seite 257**.

Wir wünschen viel Freude mit Ihren kostenfreien Inhalten!

Haben Sie Fragen zu Ihrem e-Book? Wir sind gerne für Sie da!

Sie erreichen Sie uns unter info@cherrymedia.de

LIEBER LESER,

LIEBE LESERIN,

*H*eute habe ich noch etwas ganz Besonderes für Dich vorbereitet. Ein Special, eine Anleitung, ein besonderer Einstieg in dieses Buch und eine außergewöhnliche Begleitung durch die folgenden Kapitel.

In dieses Werk ist mein ganzes Herzblut geflossen, viele Begegnungen und unfassbar viele Learnings und Erfahrungen. Dieses Buch habe ich geschrieben, während ich einmal um die ganze Welt gereist bin und in meinen persönlichen Video-Botschaften teile ich mit Dir die Essenz aus all dem.

Es ist der perfekte Einstieg für dieses Buch und für Deine Reise zu mehr Klarheit und Wohlstand, Dein Leitfaden, nochmal ganz persönlich von mir für Dich. Unter folgendem QR-Code erhältst Du meine persönliche Video-Botschaft an Dich und kannst Dir Deinen Special-Bonus zur 1. Verlagsausgabe komplett kostenfrei sichern. Ist es mir ein großes Anliegen, schau es Dir daher bitte unbedingt an.

Ich danke Dir für Dein Vertrauen und nun: Scan kurz diesen QR Code und wir starten gemeinsam direkt los:

Hier QR-Code scannen und Bonus sichern:

Oder besuch optional die folgende Website:
https://klickehier.com/fw-buch

KAPITEL 1

MEIN PERSÖNLICHER BRIEF

Herzlichen Glückwunsch!

Lieber Leser, liebe Leserin,

Wenn Du diese Zeilen liest, stehst Du an dem Punkt, an dem Du etwas verändern willst. Du weißt, in Dir steckt viel, viel mehr, und Du bist es satt, Deine Träume nur zu träumen und Dein eigenes Leben immer wieder und wieder auf die „Warteliste" zu stellen … Wenn das so ist: dann Gratulation. An diesem Punkt hebst du Dich bereits besonders vom Durchschnitt und der Masse ab, denn bisher lassen sich nur wenige Menschen auf diese ganz besondere Reise ein. Du zählst dazu.

» *Vielleicht hast Du im Hinterkopf den Wunsch, mehr Kunden zu gewinnen oder einen ganz neuen Karriereschritt zu wagen.*

» *Vielleicht möchtest Du bessere Mitarbeiter/innen oder überhaupt Personal akquirieren.*

» *Oder Du liest dies, weil Du Dein Unternehmen neu ausrichten möchtest.*

» *Möglicherweise strebst Du danach, bessere Kunden oder Aufträge an Land zu ziehen, Dich und Dein Business aus der Masse abzuheben, um bei den richtigen Menschen wahrgenommen zu werden.*

» *Vielleicht auch schlummert tief in Dir der Wunsch, auf die große Bühne zu gehen, Speaker zu werden und Menschen zu begeistern.*

» *Du möchtest mehr Zeit für die wirklich wichtigen Dinge, für Dich und Deine Familie haben …*

» *Vielleicht liest Du dies auch, weil, Du endlich die Millionenmarke knacken willst.*

» *Oder Du möchtest schlichtweg mehr Geld verdienen und Dein Leben und Dein Business auf das nächste und übernächste Level bringen.*

Du möchtest endlich zu den absoluten Gewinnern des Lebens gehören? Und vielleicht gehst Du Dir schon selbst auf die Nerven, weil Du eigentlich weißt, dass viel mehr in Dir steckt, aber Du weißt einfach nicht, wie Du genau das für Dich und Deinen Erfolg nutzen kannst …

MEIN PERSÖNLICHER BRIEF

Nun, was auch immer es ist, was Dich momentan blockiert. Du hast das Gefühl: „Da geht eigentlich noch viel, viel mehr!" Du hast bereits einige Male Anlauf genommen, viele Dinge ausprobiert und trotzdem. Irgendwie klemmt es irgendwo. Du steckst fest. Es fühlt sich an, als würdest Du immer wieder loslaufen und voll motiviert in einer Sackgasse enden, als ob Dich ein unsichtbares Hindernis hartnäckig von Deinem großen Durchbruch abhielte.

Ich persönlich kenne das nur zu gut. Als ich mit meiner eigenen Agentur 24 Stunden und 7 Tage die Woche vollkommen ausgelastet war und kaum mehr zum Atmen gekommen bin, trat irgendwann der Moment ein, an dem ich realisierte, dass ich scheinbar auf der Stelle trat. Es war, als hätte ich mich permanent im Kreis gedreht, ohne wirklich weiterzukommen.

Und dann taucht auch noch hin und wieder diese befremdliche Stimme in Deinem Kopf auf: „Und das soll jetzt alles gewesen sein? – Hey, da geht doch noch viel mehr! Du bist zu viel mehr im Leben bestimmt. Hol Dir, was Du wirklich willst!!! Das kann noch nicht alles gewesen sein ..."

Du siehst andere, vielleicht einen Mitbewerber, vielleicht Deinen Vorgesetzten, vielleicht ein neues Unternehmen, das jetzt in Deinen Markt eindringt, vielleicht Deinen ehemaligen Klassenkameraden, der jetzt so viel erfolgreicher scheint als Du ...

Es ist dieser niederschmetternde Moment, der Dir Deine Hilflosigkeit brutal vor Augen führt. Bei allen anderen sieht der Erfolg immer kinderleicht aus. Sie werden überhäuft mit Lobeshymnen, verdienen fette Margen, haben ein tolles Haus, ein schnelles Auto, einen perfekten Garten, sind beliebt, gefragt und ziehen die besten Kunden an. Du siehst und begehrst ein Leben, das Du gerne hättest!

Es wirkt wie ein Kinderspiel, dessen Spielregen nur Du eben noch nicht kennst. Wenn Du jetzt an etwas ganz Konkretes denkst, vielleicht sogar an eine Person, die Du bewunderst, fast schon beneidest und allein der Gedanke Dich innerlich unruhig macht, dann schreit alles in Dir nach MEHR!

Dein Kopf ist voll von Fragen und „Was-wäre-wenn-Ausführungen". Du denkst, denkst, denkst und gerätst dabei in einen Strudel aus Zweifel und Ausreden. Und letztlich stagnierst Du. Bevor Du überhaupt angefangen hast, haben Dich Deine Gedanken, Zweifel und Ängste klein gemacht und Dein ganzer Aktionismus verläuft ins Nichts. Aufgrund Deiner Ängste, Selbstzweifel und Negativgedanken passiert rein gar nichts.

Du handelst nicht. Du veränderst nicht.

Und schließlich widmest Du Dich wieder dem, was Du die ganze Zeit getan hast, mit dem Ergebnis, dass Du weiter hoffst, dass sich irgendwann irgendetwas verändert, dass jemand Dein Potenzial entdeckt und Dir den Weg zeigt und dass Du gerettet wirst, ohne selbst eine Entscheidung zu treffen …

Es ist ein Kreislauf. Vielleicht verschwinden die verrückten Träume wieder. Doch wenn alles in Dir schreit, dass Du zu mehr bestimmt bist, wenn Du weißt, dass Du noch nicht angekommen bist, wenn Du Dir ganz sicher bist, dass Du noch viel mehr haben kannst, wenn Du einen Traum hast, den Du noch nicht aufgegeben hast, wenn Du fühlst, dass Du, Deine Idee oder Dein Business etwas ganz Besonderes sind, wenn Du weißt, dass noch viel mehr in Dir steckt, …

… dann verspreche ich Dir, wird Dich die Stimme in Deinem Kopf immer wieder und wieder heimsuchen – so lange, bist Du Dich endlich entscheidest und handelst oder Du schließlich alle Träume erstickt hast und Dich damit für ein stumpfes, verbittertes Leben entschieden hast.

Monate vergehen, Jahre, manchmal Jahrzehnte …
Aber die Sehnsucht in Dir bleibt.

KAPITEL 2

WAS DIESES BUCH FÜR DICH BEREITHÄLT

DIESES BUCH IST ANDERS

Ja, ich liebe Andersartigkeit. Ich mag es, wenn Dinge „neu gedacht" werden, wenn ich Menschen inspiriere, das Beste aus sich herauszuholen, es zu wagen, mutig zu sein, hinter die Fassade zu blicken und sich zu trauen.

Mein Motto: **try and win!** Wenn Du es versuchst, gewinnst Du – und zwar immer! Denn egal, was passiert, am Ende bist Du mindestens um eine Erfahrung reicher, und wenn Du es richtig anstellst, um so vieles mehr.

Dieses Buch war Deine Entscheidung. Wie auch immer Du auf dieses Buch aufmerksam geworden bist, Du hast Dich entschieden, es zu öffnen, die ersten Zeilen zu lesen und der Sache für Dich eine Chance zu geben. Du hast Dich dazu entschieden, Dich zu entscheiden! Du hast Dich entschieden zu handeln!

Und hier bist Du!

Statt ein Leben zu führen, das uns die Gesellschaft, das System, „andere Menschen", unser Umfeld etc. aufzwingen, fragst Du nach mehr. Du bist bereit, Deinen Weg zu finden, Deine Position (!) im Leben einzunehmen – beruflich und privat. Allein damit gehörst Du zu einer ganz besonderen Gruppe von Menschen.

Wir leben zwar in einer Zeit, in der sich unsere Gesellschaft mehr und mehr hinterfragt, sich nach Erfüllung und einem sinnstiftenden Leben anstatt purer Sinnlosigkeit sehnt, in der Werte wieder in Mode sind und in der wir mehr versuchen, auf unsere Gedanken zu achten, anstatt stupide den äußeren Umständen zu folgen.

Trotzdem kennt und folgt nur ein ganz kleiner Teil unserer Gesellschaft den Regeln und der Formel, die ich Dir hier in diesem Buch verraten werde.

Dieser kleine Teil der Gesellschaft hat Wohlstand erlangt und es sind meistens die Menschen, bei denen immer alles so einfach aussieht.

Die immer auf der Sonnenseite des Lebens leben, denen es gut geht, die niemals Sorgen oder Existenzängste haben, die sowieso schon viel

Simple Schritte = auch wichtig

WAS DIESES BUCH FÜR

Geld verdienen und scheinbar täglich mehr davon bekommen. Und die bei all ihrem Erfolg auch noch eine intakte Familie haben, Freunde, auf die sie zählen können, ein gutes Umfeld. Es klingt fast zu schön, um wahr zu sein, doch sicher kommt Dir eine Person, wenngleich Du sie nicht persönlich kennst, in den Sinn.

Ich habe heute zwei gute Nachrichten für Dich. Erstens: All diese Personen haben eines gemeinsam. Diese Gemeinsamkeit erfährst Du auf den folgenden Seiten.

Wenn Du aufmerksam liest, wirst Du jeden einzelnen Schritt genau erklärt erkennen und erfährst das Prinzip, das Rezept, oder nennen wir es die Formel, die wohlhabende Menschen anwenden. Und die zweite gute Nachricht: Es ist einfach! Absolut jeder kann es für sein Leben anwenden und dadurch massiv profitieren. Du kannst quasi sofort heute noch starten. Und ich garantiere Dir, wenn Du es unvoreingenommen, mit offenem Herzen und ohne zu viel zu „zerdenken" für Dich und Dein Leben ehrlich versuchst, wirst Du innerhalb kürzester Zeit eine positive Veränderung spüren.

Doch Achtung: Im gleichen Atemzug möchte ich Dir einen wichtigen Hinweis mitgeben. Manche Schritte mögen Dir vielleicht so simpel, so banal vorkommen, dass Du sie einfach überspringst, doch einer der wichtigsten Grundsätze ist Konsequenz!

Jede einzelne Lektion hat ihre Berechtigung und steht ganz bewusst an genau dieser Stelle dieses Buches.

Wer glaubt, er könne die Schritte überspringen und trotzdem ein grandioses Ergebnis erzielen, der irrt.

Es wäre vergleichbar, als würdest Du ein 10-stöckiges Hochhaus bauen und beschließen, die Stockwerte 5 und 8 einfach auszulassen. Die Folge: Das Haus kann gar nicht erst fertiggestellt werden.

Es funktioniert nur dann, wenn Du jeder einzelnen Lektion Wichtigkeit und Vollständigkeit beimisst. Hetze Dich nicht, es gibt keine zeitliche Begrenzung, aber achte darauf, wirklich jeden Schritt umzusetzen.

Wenn Du die Informationen aus diesem Buch in Deinem Leben nutzt, wird sich für Dich eine Tür öffnen, die Dir Wohlstand und Freiheit ermöglicht.

Mein persönliches Bestreben ist es, dieses Wissen, meine persönliche Erfahrung und die Erfahrungen von unzähligen wohlhabenden Menschen, die ich in den letzten 8 Jahren treffen durfte, hier zusammenzutragen.

Auf den folgenden Seiten findest Du Hinweise zu den Gesetzmäßigkeiten von Reichtum und dem inneren „Angekommensein", Deiner absoluten Position.

Jeder einzelne Kunde, Freund, meine Familie, die diese Hinweise angewendet haben, haben massiv davon profitiert. Und weil ich weiß, dass es funktioniert, weil es persönlich mein Leben nicht nur entscheidend geprägt hat, sondern mich auf die dauerhafte Seite der Gewinner katapultiert hat, kannst Du heute dieses Werk in Deinen Händen halten.

Es ist kein Zufall, dass Du diese Zeilen heute liest. Tief in Dir sehnst Du Dich nach mehr Erfolg, Deiner Erfüllung, nach Freiheit und einem Leben in Wohlstand.

Dieses Buch birgt all das für Dich! Wenn Du Dich darauf einlässt und es aus ehrlichem Herzen versuchst.

Und nun fangen wir an! Ich wünsche Dir von Herzen maximalen Erfolg, Konsequenz, Durchhaltevermögen, Vertrauen, Leichtigkeit und jede Menge Spaß!

Kapitel 3

ALLES, WAS WIR UNS WÜNSCHEN (DIE ABSOLUTE POSITION)

Zielkunden

Unsere Gesellschaft lechzt nach mehr Liebe, mehr Anerkennung, nach einer Heimat, einer Familie, grandiosem Lob, einem Titel, mehr Gehalt, einem schöneren Auto, mehr Urlaub, weniger Stress, Erfüllung, nach Gemeinschaft und manchmal nach Erlösung. Wir sind hungrig nach MEHR.

Alles dreht sich so schnell, dass wir manchmal gar nicht in der Lage sind, alle Informationen sofort zu verarbeiten.

Während der Mensch 1980 knapp 600 Werbebotschaften am Tag unterbewusst gesehen hat und verarbeiten musste, werden wir heutzutage regelrecht bombardiert.

13.000 Werbebotschaften pro Tag stellen unser Hirn vor völlig neue Herausforderungen.

Unsere Technologie schreitet so rasant fort, dass unsere Evolution kaum hinterherkommt.

Um es nochmals bewusst zu machen: 1994 konnte ein Mobiltelefon erstmals eine SMS („Short-Message-Service") verschicken, das liegt knapp 25 Jahre zurück. Eine SMS umfasste 160 Zeichen, und ich weiß noch, wie ich ab und an richtig kreativ wurde, um die 160 Zeichen einer SMS ja nicht zu überschreiten. ;-)

Heute nutzt kaum noch jemand die damals beliebten Textnachrichten. Stattdessen werden über die App „WhatsApp" täglich (Stand Mai 2018) 65 Milliarden Nachrichten versendet. Wir warten weniger, kommunizieren mehr und teilen uns bei fast allem mit. Manchmal interpretieren wir Gesagtes falsch und ertrinken in einem Gedankenchaos an Zweifel und unausgesprochenen Fragen ...

Das Verrückte ist: Obwohl wir vernetzter denn je sind, fühlen wir uns einsamer als irgendwann. Der Mensch sehnt sich nach der Nähe, die kaum mehr einer bereitwillig zulässt ...

Eine ganz neue Ära hat begonnen und wir Menschen suchen mehr und mehr nach dem Sinn unseres Lebens. Wir fragen uns, warum wir eigentlich hier sind und was wir mit unserem Leben anstellen möchten und vielleicht auch, was wir hinterlassen wollen. Wir fragen uns, wie wir

ALLES, WAS WIR UNS WÜNSCHEN (DIE ABSOLUTE POSITION)

das Leben in unserer besten Version leben, alles mitnehmen und immer mehr Menschen haben den tiefen Ruf den Sinn Ihres Lebens zu finden und schließlich ganz in Ihrer Persönlichkeit und Ihrem Sein anzukommen!

Ganz angekommen, das heißt: die eigene Position im Leben zu kennen und diese ganz bewusst einzunehmen. Ich nenne diese Klarheit, dieses Bewusstsein darüber, wo man in seinem Leben hin möchte, und zwar vollumfänglich – also privat als auch beruflich –, die absolute Position! Jeder Mensch hat tief in sich den Wunsch, an einem Punkt im Leben anzukommen, der sich „grandios" anfühlt, der in Dir selbst einen inneren Frieden, eine Sicherheit, eine Geborgenheit, das absolute „Ankommen" auslöst.

Vielleicht hattest Du schon einmal einen solchen Zustand? Dieser Zustand lässt Dich jeden Tag spüren: „Hier bin ich richtig! Hier ist mein Platz!" Noch bevor Du aus Deinem Bett aufstehst, spürst Du, dass ein fantastischer Tag auf Dich wartet und Du an jedem Tag der Gewinner bist.

Das nenne ich Deine absolute Position! Kennst Du Menschen, bei denen immer alles mit Leichtigkeit funktioniert? Die scheinbar das Glück auf ihrer Seite für immer gehortet haben? Die weder krank sind noch unglücklich? Und die gefühlt wirklich alles Gute abbekommen haben, das das Leben zu bieten hat? Schönheit, Intelligenz, Erfolg.

Es sind diese Menschen, die – wie man es in Hollywoodfilmen beschreiben würde – ein absolutes Traumleben führen. Sorgenfrei! Alles, was sie anfassen, wird zu Gold (das Sprichwort kennst Du sicher)! Es scheint, als würden sie immer mehr bekommen ...

Das sind Menschen, die ihre absolute Position gefunden und eingenommen haben.

Und weißt Du was? Es sieht nicht nur so leicht aus, tatsächlich ist es am Punkt der „absoluten Position" auch so leicht!

Kapitel 4

FÜR WEN SICH DIESES BUCH EIGNET

ungefähre Zielgruppe

In diesem Buch beschreibe ich, was die absolute Position ist, wie genau sie sich zusammensetzt und wie Du in der Lage bist, Deine absolute Position – beruflich und privat – in Deinem Leben zu finden.

Meine Zeilen hier richten sich an all diejenigen,

» *die mehr vom Leben wollen …*
» *die aus dem Alltagstrott „ausbrechen" möchten …*
» *die sich nach Freiheit sehnen …*
» *die Geld lieben …*
» *die endlich ihr volles Potenzial ausschöpfen möchten …*
» *die sich finden wollen …*
» *die aus ihrem 9-to-5-Arbeitstrott herauswollen …*
» *die wieder Leichtigkeit anziehen möchten …*
» *die erfolgreich sein wollen …*
» **die sich schlichtweg ein Leben in Reichtum und Wohlstand wünschen!**

Wenn Du bis jetzt das Gefühl hattest, dass Du nie alles aus Dir herausgeholt hast, dass Du Träume hattest, die Du selbst vielleicht gar nicht mehr kennst …

Du hast irgendwie die Verbindung zu Dir und vielleicht auch die Leidenschaft für Dein Business, Dein berufliches Tun verloren …

Du bist müde, erschöpft, ausgepowert und merkst allmählich, wie es mühselig wird, immer wieder und wieder dasselbe Rad zu drehen …

Bei allen anderen scheint es immer so viel einfacher zu sein, ja fast schon spielerisch und wenn Du ganz ehrlich zu Dir selbst bist, dann wünschst Du Dir vielleicht ab und zu (still und leise), dass Dich jemand erlöst, dass Dir jemand all Deine Sorgen und Laster einfach so abnimmt, dass Du nochmal neu anfangen kannst und zwar mit dem Wissen, das Du heute hast.

Du hast erkannt, dass es so schlichtweg nicht mehr weitergehen kann und dass das, was Du momentan tust, Dich nicht an das Ziel bringt, das Du Dir wünschst.

Die gute Nachricht ist, dass Du Dir darüber bewusst bist. Denn um ein Ziel zu erreichen, geht es in erster Linie nicht darum, dass Du bereits weißt, wie genau Du dort hinkommst ... Nein, es geht darum, Dir bewusst zu machen, wo Du momentan startest und wo Du eigentlich ganz konkret hinwillst!

Aber fangen wir erst einmal an ...

Wer sich sein eigenes Traumleben ausmalt, ohne Grenzen (!), der schwärmt oft von Reisen an wunderbare Orte, von glücklichen Momenten, einer liebevollen Familie, von Gesundheit, mehr Geld und weniger Sorgen. Die meisten Menschen, so simpel es sich auch anhören mag, wünschen sich einfach mehr Zeit, um zu genießen, mehr Geld und mehr Möglichkeiten, um dem nachzugehen, wonach sie sich sehnen. Und das ist für jeden ganz individuell.

Ich nenne genau das Wohlstand!

Und ich bin der festen Überzeugung, dass jeder diesen Wohlstand für sich erreichen kann. Wenn – und das ist nun die erste Lektion – er begreift, dass ein Leben in Wohlstand alle Lebensbereiche betrifft.

Bevor Du nun mit der Umsetzung startest ...

Ich wünsche Dir von Herzen, dass Du Dein Meisterwerk schaffst und Dein Leben lebst, wie Du es Dir vorstellst. Denn: Nichts ist unmöglich. Jeder Mensch, jedes Unternehmen, jedes Abenteuer, auf das wir uns einlassen, ist einzigartig.

Im Laufe dieses Buches wirst Du verstehen, was Positionierung ist. Du wirst begreifen, welche Erfolge für Dich durch Deine Positionierung möglich sind, wie Du Dich positionieren kannst und warum Positionierung der einzige Weg für beruflichen Erfolg und ein Leben in Freiheit und Wohlstand ist.

Dabei wünsche ich Dir nun von Herzen viel Spaß, maximalen Erfolg und gutes Gelingen!

Stephy Beck

FANGEN WIR ALSO AN ...

KAPITEL 5

DAS GEHEIMNIS WOHLHABENDER MENSCHEN

*„Wohlstand bedeutete ein Leben
ohne Kompromisse führen zu können."*

Stephy Beck

$\mathcal{D}$as Geheimnis wohlhabender und glücklicher Menschen liegt darin, dass sie ihr privates und berufliches Leben in einen perfekten Einklang bringen. Sie trennen es nicht voneinander, sondern verbinden es miteinander.

Dabei geht es nicht um den Ausgleich oder eine Art „Work-Life-Balance", sondern um die Ganzheitlichkeit.

Es geht darum, dass Du ein vollkommenes Leben ohne Kompromisse und Abstriche zu führen. (Achtung: Natürlich meine ich mit vollkommen nicht, dass nicht auch mal ein wohlhabender und glücklicher Mensch in eine missliche Lage kommt, die ihn herausfordert. Vielmehr ist damit gemeint, dass Du in Dir vollkommen erfüllt bist. Du lebst Deine Persönlichkeit, Dein Sein in allen Facetten aus.)

Wohlhabende und glückliche Menschen tun das, was sie wollen, anstatt etwas zu müssen, das sie nicht erfüllt.

Für den Schlüssel Deiner absoluten Position spielt es daher eine wichtige Rolle zu wissen, was Dich erfüllt, was Dich glücklich macht, wer Du im Herzen wirklich bist und welche Business-Position zu Dir ganz persönlich und zu Deinen Werten passt.

Dazu möchte ich Dir auf den nächsten Seiten eine Geschichte erzählen ...

Kapitel 6

DIE GESCHICHTE VOM UNERFÜLLTEN UNTERNEHMENSBERATER

„Es ist einer der größten Irrtümer, sich in einer Abhängigkeit sicher zu glauben!"

Stephy Beck

Wir leben in einer Zeit, in der wir ganz einfach binnen Millisekunden mit Menschen auf der anderen Seite der Welt kommunizieren können, in der wir unserer Arbeit und Leidenschaft oft nur mit einem Laptop und der Verbindung zum Internet nachgehen können (und das gilt übrigens für viel mehr Unternehmen und Geschäftsmodelle, als Du jetzt gerade vielleicht denkst).

Während die Gesellschaft früher das Leben in zwei Bereiche geteilt hat, nämlich in das Arbeitsleben und in das Privatleben, so geht es in diesem Buch vielmehr um das Leben und Dein Sein als Ganzes.

Sicher kennst Du den Begriff „Work-Life-Balance", der sich besonders vor einigen Jahren größter Beliebtheit erfreute. Im Grundsatz bedeutet Work-Life-Balance, dass sich der Teil deines Lebens, in dem Du „lebst", indem Du Deine Freizeit genießt mit dem Teil des Lebens, in dem Du arbeitest, die Waage hält. Also das Gleichgewicht zwischen der Zeit, die Du in Deine Arbeit steckst, mit der Zeit, die Du an Freizeit hast, ausgleicht.

Work-Life bezeichnet das Verhältnis zwischen Arbeits- und Privatleben.

Doch wie verrückt ist das eigentlich? Zwischen den Zeilen steht, dass Du arbeitest, um zu leben … Und tatsächlich – und vielleicht kennst Du das auch noch – gibt es Menschen, die ihr ganzes Leben lang gearbeitet haben, um im Alter zu „leben".

Ich möchte Dir an dieser Stelle von einem Gespräch erzählen, das ich an einem wunderschönen Oktobermontag am Strand von Santa Monica führte. Es war ein sonniger, klarer Montagmorgen, nicht zu heiß, ein kleines Lüftchen zog die Küste entlang, und ich entschloss mich zu einem Spaziergang am Meer. Als ich mich direkt am Strand in ein Café setzte, mir einen doppelten Espresso bestellte und einfach den Moment genoss und die unendliche Weite des Meeres bewunderte, murmelte ein Mann neben mir: „This is so magical, isn't it?"

Er warf mir indirekt diese Frage zu und ohne meinen Blick vom Meer abzuwenden, bejahte ich seine Bewunderung. Wir kamen ins Gespräch und er erzählte mir, dass er viele Jahre in einer namhaften Kanzlei gearbeitet hatte … Eines Morgens, als er den Highway 405 nach Downtown

Los Angeles fuhr, und wie fast jeden Morgen 1,5 Stunden zur Arbeit brauchte, fiel es ihm wie Schuppen von den Augen.

Er erzählte mir, dass es eigentlich ein ganz gewöhnlicher Morgen gewesen sei so wie jeder andere eben auch. Doch an diesem Morgen habe er in seinem Mercedes gesessen und in die Autos neben sich geblickt. Ihm sei bewusst geworden, dass er jeden Morgen um dieselbe Zeit, 6:10 Uhr, zur Arbeit fahre, um pünktlich um 8 Uhr im Büro zu sein. Er arbeitete bis 12 Uhr, ab und an, wenn er genug Zeit für die Mittagspause habe, gehe er in eines seiner drei Lieblings-Lunch-Restaurants und schließlich fahre er dann abends um 17 Uhr, wenn alle nach Hause fuhren ebenfalls nach Hause. Um 19 Uhr schließe er die Tür auf und habe „Feierabend", und zwar jeden Tag. 330 Tage im Jahr. Seit 14 Jahren.

Wir unterhielten uns 2 Stunden und erst am Ende erfuhr ich seinen Namen. Mou war Unternehmensberater, ein guter, der gutes Geld verdiente und sich sogar Sonderurlaub nehmen durfte.

Mir war klar, dass das nicht das Ende der Geschichte war, sonst würde Mou an einem Montag nicht im Beachcafé sitzen.

Er nahm einen Schluck Kaffee und berichtete von einer Begegnung mit einem Senior seiner Firma (ich kenne seinen Namen nicht, aber nennen wir ihn einfach mal Thomas). Als er an jenem Tag ins Office fuhr, hatte sich für Mou etwas verändert. Als er den Senior Consultant seiner Firma (Thomas) zum Lunch traf, berichtete ihm sein Kollege von seinem Wochenende und davon, dass er nun seinen Familienurlaub geplant habe und dass er sich schon bald einen neuen Sportwagen werde leisten können …

Thomas arbeitete noch viel mehr als Mou. Gefühlt doppelt so viel. Und plötzlich wurde Mou klar, dass seine Reise hier enden würde. Denn er fragte sich, wo soll das hinführen?

Sein Kollege war das beste Beispiel: Er arbeitete quasi 24 Stunden und 7 Tage die Woche, um einen „besseren" Titel, 3 Urlaubstage mehr und 20% mehr Geld zu bekommen … Mous Aussichten in dieser Firma waren also genau das.

wie die Mehrheit lebt

DIE GESCHICHTE VOM UNERFÜLLTEN UNTERNEHMENSBERATER

3 Urlaubstage mehr, einen Titel, auf den er sich etwas einbilden würde können und etwas mehr Geld für die Lebenszeit, die er in den grauen Wänden des Downtown-Towers absaß.

Als ihm das bewusst wurde, wurde ihm übel. An jenem Tag, an dem er wieder 1,5 Stunden nach Hause gefahren sei, im Stau gestanden habe und deshalb sogar noch länger gebraucht habe, sei er sich plötzlich so verarscht vorgekommen.

Er blickte mich an, sein fröhliches Gesicht wich einer ernsten Miene: "If this is the only life we have, so why am I doing this???" Dieser Besuch im Café endete völlig anders als erwartet. Ich fragte ihn: „Und dann?"

Mou: „Ich begriff, dass ich mein ganzes Leben lag jeden Tag 3 Stunden meiner kostbaren Lebenszeit in einem Auto saß, das mich zu einer Arbeit in einem tristen grauen Bürogebäude brachte, die ich, ohne sie zu hinterfragen, einfach ausübte, um Geld zu verdienen und um mir mit diesem Geld mein Wochenende zu versüßen ... Doch weißt Du was? Ich war am Wochenende oft gar nicht da ... Manchmal musste ich bereits zu Kundenterminen am Sonntagabend anreisen, auf Messen, oder ich hatte einen Fall, den ich gedanklich auch zu Hause nicht abschließen konnte. Ich habe irgendwann einfach nur noch funktioniert und deshalb hat es mich umso mehr erschüttert, als ich mir selbst die Frage gestellt habe: „Wofür mach ich das eigentlich alles?" und „Was ist meine Perspektive, meine Zukunft, wenn ich das weiter so handhabe?"

Das Erstaunliche ist, die wenigsten Menschen fragen sich das. Sie folgen dem, was alle in ihrem Umfeld tun ... und das ist eben nun einmal zur Arbeit zu gehen, nach Hause zu fahren und sich am Wochenende zu erholen.

Es ist brutal. Doch wenn ich es auf den Punkt bringen müsste, so lebt unsere Gesellschaft für das Wochenende. Die Menschen arbeiten sich 5 Tage kaputt, um sich am Ende (wenn es gut läuft) 2 Tage zu regenerieren. Und das trifft nicht nur auf Angestellte zu! Die meisten Selbstständigen oder Kleinunternehmer arbeiten genauso ...

Er hatte recht und ich wusste das, denn diese Begegnung geschah, während ich dieses Buch schrieb ... Er fragte mich, was ich mache und ich erzählte ihm von meinem Vorhaben und diesem Buch und dass es für mich letztlich nur einen einzigen Weg gebe, ein wirklich glückliches Leben zu leben.

==Wir können Arbeit und Privatleben nicht mehr voneinander trennen! Dafür ist unsere Welt viel zu schnell, zu flexibel und man ist nahezu überall erreichbar geworden.== Alles nimmt immer mehr Geschwindigkeit auf ...

Wir können 24/7 überall auf der Welt shoppen, wir schicken eine E-Mail, eine WhatsApp, eine Facebook-Message, die innerhalb von Millisekunden den Adressaten erreichen. Wir haben verlernt, zu warten und wenn wir mit der Zeit, mit der Gesellschaft, mit der Wirtschaft gehen möchten, müssen wir es mit der Fahrt, der Geschwindigkeit, deren Speed und der maximalen Erreichbarkeit aufnehmen.

Wenn wir uns das bewusst machen, haben wir im Grunde und auf den Punkt gebracht nur zwei Möglichkeiten, unser Leben zu leben:

» *Zu akzeptieren, dass wir für das Wochenende, den Urlaub und den Feierabend arbeiten und jeden Tag dem Alltagstrott nachgehen.*

- oder -

» *Etwas zu tun, was wir nicht als „Arbeit" oder mühseliges Abrackern empfinden, sondern etwas, das uns in unserem TUN und SEIN erfüllt, begeistert, antreibt oder motiviert!*

Wenn Du verstehst und bereit bist, das Leben in einem zu sehen anstatt zwischen Arbeits- und Privatleben zu unterscheiden, dann verstehst Du, dass Du ein Leben in Wohlstand nur dann führen kannst, wenn Du Dich in jedem Part Deines Lebens „wohlfühlst".

WOHLSTAND bedeutet, einen positiven Zustand, der für jeden ganz individuell sein kann, einzunehmen. Er wird oft mit Wörtern wie „Wohl, Wohlergehen, Glück, Wachstum, Reichtum" in Verbindung gebracht.

Wohlstand wird in vielen Formulierungen als ein überdurchschnittlicher Lebensstandard bezeichnet. Wohlstand setzt sich aus immateriellem und

materiellem Wohlstand zusammen. Umgangssprachlich ist mit Wohlstand zwar gemeint, dass jemand mehr Geld als „normal" zur Verfügung hat bzw. dass es ihm in materieller Hinsicht an nichts mangelt, doch das ist eigentlich nicht ganz korrekt.

In diesem Buch bezieht sich der Begriff Wohlstand auf das Wohl der Person, die diese Zeilen liest. Auf Dein Wohl! Auf Dein Wohlergehen: sowohl materiell (also durchaus auch in Bezug auf Geld) als auch immateriell. Damit ist hier gemeint, dass Du eine innere Erfüllung, Zufriedenheit und Begeisterung verspürst, die Dein Leben vollkommen macht.

Du fragst Dich nun vielleicht, wie die Begegnung mit Mou ausging oder was passiert ist, als er diese Erkenntnis hatte? Er hatte sich zum ersten Mal seit vielen Jahren gefragt, was er sich wirklich vom Leben erhoffe, was „LEBEN" für ihn sei … und dabei hatte er den Rahmen für etwas Neues geschaffen. Heute arbeitet Mou nicht mehr bei der Unternehmensberatung, für die er über 14 Jahre tätig war.

Er hat sich selbstständig gemacht und betreut Kunden auf der ganzen Welt bei der Beschaffung von Fördermitteln und Kapital für deren Unternehmen. Er hat festgestellt, dass er das von überall aus auf der Welt machen kann, denn im Grunde braucht er dazu nur seinen Laptop, eine anständige Internetverbindung und das Netzwerk, das er sich über die Jahre als Unternehmensberater aufgebaut hat. Er teilt sich seine Zeit selbst ein: Niemand verlangt von ihm, 3 Stunden ins Büro zu fahren, Urlaub 3 Monate im Voraus einzureichen und genehmigen zu lassen (puuh allein das ist schon irgendwie verrückt …). Wenn ihm heute danach ist, an den Strand zu kommen und seinen morgendlichen Kaffee mit Blick aufs Meer zu trinken, dann tut er das.

Ich fragte ihn, wie er das geschafft habe, da er natürlich seine vermeintliche Sicherheit, sein festes Gehalt und seine Loyalität zu dem Unternehmen aufgegeben habe.

Er war ganz ehrlich und verriet mir, dass er natürlich nicht sofort alles hingeschmissen habe, aber er habe begonnen, sich mit sich selbst zu beschäftigen und sich mit sich auseinanderzusetzen. Als er gewusst habe, wie er sich sein zukünftiges Leben vorstellte, habe er sich bewusst gemacht, was er dafür würde ändern müssen und er habe begonnen, nach Möglichkeiten zu suchen.

„There are million options ... but mostly we never realize that they are there. Because we are too busy running through every second of our life, that we even don't see the opportunities we permanently miss."

„Es gibt Millionen Möglichkeiten ... aber meistens merken wir nie, dass sie da sind. Weil wir zu beschäftigt sind, jede Sekunde unseres Lebens zu durchlaufen, sehen wir nicht einmal die Möglichkeiten, die wir permanent verpassen." Wenn wir uns genau das bewusst machen, empfänglich dafür sind, wissen, was wir wollen, dann sehen wir plötzlich die Gelegenheiten, die sich uns jeden Tag bieten und die das möglich machen, was wir uns wünschen.

Jeder Mensch hat Angst, seine vermeintliche Sicherheit, seine Komfortzone zu verlassen – besonders wenn es um den eigenen Job geht. Das Paradoxe aber ist: Wenn wir es trotzdem wagen und wirklich dem nachgehen, was wir lieben, um ein Leben zu leben, das wir uns wünschen, dann wirst Du über kurz oder lang für Deinen Mut belohnt.

Es ist ein Irrglaube, sich in einer Abhängigkeit sicher zu fühlen!

Deine absolute Position im Leben, die Dir genau das, Freiheit und Wohlstand, ermöglicht, hängt daher stark mit Deiner beruflichen und privaten Persönlichkeit zusammen.

Egal, an welchem Punkt Du derzeit stehst: Ob Du noch ganz am Anfang bist, frisch von der Uni oder aus der Schule kommst, ob Du bereits ein erfolgreiches Unternehmen leitest, ob Du als Ein-Mann- oder -Frau-Betrieb Deinen Laden schmeißt oder ob Du vielleicht momentan noch angestellt bist und mit dem Gedanken spielst, endlich Dein eigenes Ding zu machen, eines musst Du vorab begreifen: Ein Leben in Wohlstand und Freiheit kannst Du nur erreichen, indem Du Dir sowohl über Deine berufliche als auch über Deine private Position im Klaren bist und diese auch beginnst umsetzen.

Dabei hilft Dir dieses Buch. Ich wünsche Dir von Herzen, dass Du dies mit offenem Herzen liest, Dich darauf einlässt und Dir durch den Prozess, durch den ich Dich führe, darüber bewusst wirst, was Du selbst von Deinem Leben erwartest und ein Zusammenspiel von diesen beiden Positionen realisierst.

Kurzum: Es geht um Deine LEBENS-Positionierung.

> Ein Leben in Wohlstand hält sich in der Waage. Es trennt NICHT Dein berufliches von Deinem privaten Sein. Im Gegenteil: Es verbindet diese beiden Lebensbereiche im positiven Sinne. Diese vollkommene Erfüllung Deiner Persönlichkeit – in jedem Punkt Deines Lebens - ist das Glück, das alle Welt anstrebt.
>
> Gemeint ist das Glück, über das es so viele Bücher, Erzählungen und Hollywoodfilme gibt. Durch Deine Lebensposition schaffst Du für Dich in Deinem Leben eine absolute Klarheit, Du spürst mit jeder Faser Deines Körpers Erfüllung und Du befindest Dich mitten im Fluss, den viele Erfolg nennen.

Kapitel 7

DAS RAD DES LEBENS

*„Wer ein erfolgreiches Leben in Wohlstand und
Überfluss führen möchte, der muss die Begeisterung
in sich finden, sie zulassen und leben."*

Stephy Beck

In den letzten Kapiteln hast Du verstanden, dass wohlhabende und glückliche Menschen Privates nicht von Beruflichem trennen, sondern es verbinden und damit in jedem Lebensbereich die Erfüllung erreichen.

Warum ist das so wichtig? Diese Erfüllung, von der ich die ganze Zeit spreche?

Im Prinzip ist es ganz simpel, wenn wir bei oder in einer Sache aufgehen, wenn wir diese Sache aus vollster Überzeugung und mit absoluter Leidenschaft tun, wenn wir begeistert sind, und zwar so sehr, dass wir gar nicht aufhören wollen, davon zu erzählen, daran zu arbeiten und sogar Schlaf und Essen unwichtig werden, weil das, was wir tun, uns so sehr fesselt, dann sind wir mit jeder Faser unseres Körpers und mit dem Geist zu 1000% bei der Sache. Diese Begeisterung, diese Leidenschaft, diese Überzeugung sind Emotionen, die wir nicht kaufen können.

Und gleichzeitig sind es die Emotionen, die andere Menschen durch unser Handeln anstecken. Du kannst Begeisterung nicht künstlich erzeugen, wenn Du es nicht wirklich spürst. Mag sein, dass der eine oder andere ein guter Schauspieler ist und Begeisterung ganz gut vortäuschen kann, doch auf empathischer Ebene, also wirklich auf der Gefühlsebene von Mensch zu Mensch, kommt „künstliche Begeisterung" nicht an.

Wer also nach einem Leben im Wohlstand, nach Erfolg und Glück strebt, der muss die Begeisterung in sich finden.

Die Begeisterung, Deine Überzeugungen und Leidenschaft sind der Baustein für Erfolg, den viele unterschätzen. Begeisterung zieht Menschen an, denn der Mensch liebt es, dabei zuzusehen, wie ein anderer Mensch etwas mit absolutem Herzblut tut. Der Mensch liebt es, von der Begeisterung angesteckt zu werden.

Er liebt es, begeistert zu werden!

Wer allein seine ehrliche Begeisterung findet und lebt, der hat zwangsläufig Erfolg. Ich sage nicht direkt im großen Stil, doch Du wirst einen positiven Unterschied erkennen gegenüber all den andere Dingen, die Du zuvor sinn- und leidenschaftslos getan hast.

Ganz einfach erklärt: Obwohl durch die Technologie, durch unzählige Möglichkeiten und die Veränderung unserer Gesellschaftsstruktur heute viele Menschen keinen Kompromiss mehr leben müssen, so gibt es immer mehr Menschen, die von einer Arbeit, die sie nicht gerne tun, ausgebrannt und krank sind. Dies sind Menschen, die täglich 8 – 10 ihrer wachen Lebensstunden für eine Tätigkeit opfern, die sie eigentlich nicht erfüllt und die sie vielleicht einmal gerne getan haben.

Genau hier liegt die Herausforderung ... und die Chance. Denn der Großteil unserer Gesellschaft lebt heute immer noch, trotz all dieser Möglichkeiten, genau so:

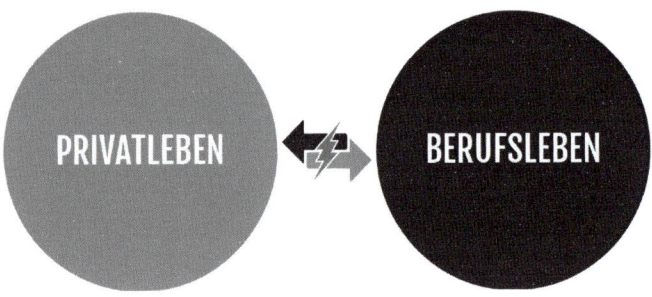

In der strikten Trennung zwischen seinem beruflichen und privaten Leben. Sie wundern sich, dass sie nie den durchschlagenden Erfolg haben, dass immer alles schwer und anstrengend ist, sind frustriert, unzufrieden und damit langfristig tatsächlich unglücklich. Im Übrigen gilt dieses Bild nicht nur für Menschen, die einer Anstellung nachgehen, die sie eigentlich gar nicht mögen.

Genau dasselbe Bild finden wir bei Unternehmern und Selbstständigen, die irgendwann mal ein Business gestartet haben, das sie weder erfüllt noch wirklich erfolgreich macht, vielleicht sogar, das sie geerbt haben und das eigentlich gar nicht ihr Ding ist.

Sie wundern sich, dass es irgendwie nicht so funktioniert, wie sie sich das vorgestellt haben. Dabei liegt es auf der Hand. Wie soll etwas ins „Fließen", in Bewegung kommen, das voneinander getrennt ist? Bildlich gesprochen ist das nicht möglich und tatsächlich ist es auch im Leben so.

Solange Du Dich damit abfindest, einen Kompromiss zu leben, wird keine Veränderung eintreten. Und ja, ich weiß, diese offene, ehrliche und klare Aussprache tut vielleicht gerade kurz weh und wenn der Schmerz ganz groß bei Dir ist, merkst Du vielleicht sogar, wie Dir etwas übel wird.

ABER: Wer in unserer heutigen Zeit weiter versucht, eine strikte Trennung zwischen den Lebensbereichen „Beruf" und „Privatleben" zu wahren, der versteht nicht, dass er damit auf einer Seite immer einen Kompromiss lebt.

Wer keinen Kompromiss leben will, der muss sein berufliches und privates Leben miteinander verbinden, anstatt die Bereiche strikt zu trennen!

Denn das Rad des Lebens funktioniert, indem es sich dreht! ;-) Statt also zwei Lebensbereiche voneinander abzutrennen, geht es darum, den Fluss des Lebens durch ein einziges Lebensrad, indem beide Lebensbereiche vereint sind, in Bewegung und Einklang zu halten.

Das Rad des Lebens:

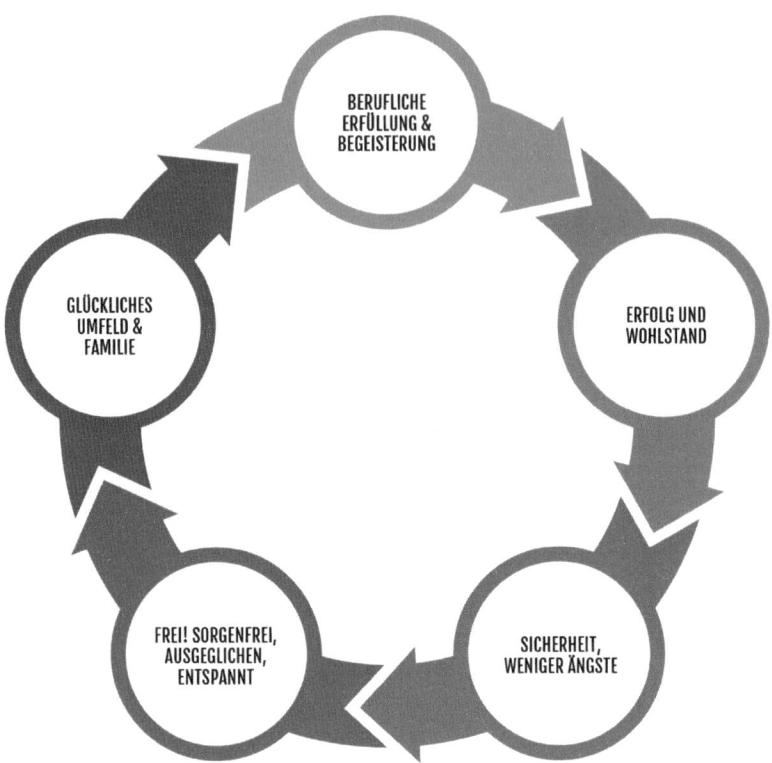

1. Wer berufliche Erfüllung und Begeisterung gefunden hat und für sich etwas gefunden hat, das zu seiner Person, seiner Identität und seinem Wertebewusstsein passt, der generiert automatisch Erfolg!
2. Erfolg wird in der Arbeitswelt häufig mit Geld in Zusammenhang gebracht und weil ich der absoluten Überzeugung bin, dass Erfolg immer auch etwas mit Geld zu tun hat, bringt Dir Erfolg zwangsläufig Geld und Wohlstand.
3. Geld und Wohlstand sorgen dafür, dass wir weniger Existenzängste haben, dass wir generell weniger Angst und mehr Sicherheit in unserem Leben wahrnehmen und spüren.

4. Weniger Angst und Sorgen zu haben, macht uns freier. Wer frei ist (frei von Ängsten und Sorgen), der ist meist lockerer, ausgeglichener, entspannter und oftmals unterhaltsamer. Diese Personen sind beliebt und gern gesehene Gäste.
5. Wer so ist, projiziert das automatisch auf sein Umfeld, auf seine Familie und gibt seinen Mitmenschen ein sicheres und gutes Gefühl, das auch auf diese ausstrahlt und sie vielleicht sogar ansteckt.
6. Diese Glückseligkeit in seinem Umfeld äußert sich wiederum in seinem Tun und damit in seinem Erfolg

Und der Kreislauf beginnt von vorn. Funktioniert jedoch einer der o.g. Punkte im Rad nicht, kann das Rad nicht rollen ... Erst holpert es, bis es schließlich ganz stagniert. Stillstand. Du kommst nicht weiter.

Der Schlüssel, das Rad immer in Bewegung zu halten – mal schnell, mal langsam – ist DEINE ERFÜLLUNG.

Wenn Du dieses Kapitel aufmerksam gelesen hast, solltest Du erkennen, dass ein glückliches und wohlhabendes Leben nur möglich ist, wenn Du nicht krampfhaft versuchst, Deinen Job und Deine Arbeit von Deinem Privatleben zu trennen, sondern wenn Du beide Seiten verbindest.

Wenn Du Dein Leben als ein Rad betrachtest, das durch Deine eigenen Werte, Überzeugungen, Deine Erfüllung angetrieben wird, so wird Dir bewusst, dass der Schlüssel zu einem wohlhabenden und glücklichen Leben in Dir liegt.

Deine Begeisterung geht Deinem Erfolg voraus.

KAPITEL 8

ALLES, WORAUF ES ANKOMMT (ZWEI ERFOLGSGEHEIMNISSE)

„Die Kunst zu gewinnen, ist es,
sich darauf einzulassen."

Stephy Beck

Zugegeben, die Überschrift ist etwas plakativ. Aber es gibt genau zwei Dinge, die glückliche und erfolgreiche Menschen von denjenigen trennen, die immer nur das Nachsehen haben:

» **MINDSET** und die daraus resultierenden Handlungen
» **POSITIONIERUNG** und die damit verbundene Klarheit über das eigene Sein und Tun

Was genau meine ich damit?

Punkt EINS: Mindset

Die Art und Weise, wie Du über Menschen, Sachen und Situationen denkst, beeinflusst Dein tatsächliches Handeln. Nun, das ist jetzt relativ leicht gesagt, doch im Laufe dieses Buches werde ich in die Kraft und Energie Deiner Gedanken einsteigen.

Doch möchte ich Dir an dieser Stelle bereits eine Weisheit mitgeben, die ich als Teenager gelesen habe und die mein Leben entscheidend beeinflusst hat:

„Achte auf Deine Gedanken, denn sie werden Worte.

Achte auf Deine Worte, denn sie werden Handlungen.

Achte auf Deine Handlungen, denn sie werden Gewohnheiten.

Achte auf Deine Gewohnheiten, denn sie werden Dein Charakter.

Achte auf Deinen Charakter, denn er wird Dein Schicksal."

Zitat aus dem Talmud: mündliche Lehre der Gesetze und religiösen Überlieferungen des Judentums nach der Babylonischen Gefangenschaft

Schon in den mündlichen Überlieferungen des religiösen Judentums war man sich vor über mehreren 1000 Jahren der Kraft seiner Gedanken bewusst.

Heute mag dies immer wieder auch in einen spirituellen Zusammenhang gebracht werden, doch ich kenne keinen wirklich erfolgreichen Menschen, der sich nicht irgendwann an einem Punkt seines Lebens mit sich selbst beschäftigt hat.

> Genau darum geht es hier. Achte auf Deine Gedanken, denn kurz gesagt: Sie werden Dein Schicksal.

Punkt zwei: Positionierung

Positionierung bedeutet immer Wachstum. Das klingt ganz einfach, ist es auch. Zumindest dann, wenn man alle Punkte für sich klar definiert hat. Positionierung bedeutet, sich zu entscheiden, sich für eine Sache klar auszusprechen und zu committen, d. h. sich selbst bewusst zu werden, welches Ziel Du erreichen möchtest, wen Du als Partner, Freund oder Kunden in Deinem Leben haben möchtest und wen ganz bewusst nicht.

Positionierung beinhaltet die eigene Klarheit über seine Ziele, sich diese ganz genau bewusst zu machen und gezielt anzugehen, also ganz genau zu wissen, wo Du hinwillst und im Umkehrschluss auch das Bewusstsein zu haben, was Du auf keinen Fall möchtest.

Das gilt sowohl für Dein privates als auch für Dein berufliches Leben. Nur wer sich über sein Fundament im Klaren ist, wer seine Position im „Spiel des Lebens" kennt, der ist auch in der Lage, zu wachsen.

> **Wachstum ist der Nährstoff für Erfolg.**

Im Laufe dieses Buches gehen wir auf Deine Positionierung ein. Wir prüfen, an welchem Punkt im Leben Du heute stehst, wo Du hinmöchtest und wie wir diese Lücke zwischen dem Jetzt und Deiner Wunschvorstellung schließen.

Ich will nicht behaupten, Positionierung sei das „Wundermittel" für jeden privaten und beruflichen Erfolg und trotzdem ist es genau DAS! Positionierung bedeutet, Dich, Dein Unternehmen, Deine Ziele, Deine Lebensposition klar zu kennen und Dir den Weg zur Zielerreichung bewusst zu machen.

In jedem meiner Unternehmen und in jedem Business, das ich über die letzten 7 Jahre hinweg begleiten durfte, war und ist es die Positionierung gewesen, die das Fundament des Erfolgs bildet.

Im Grunde ist es recht einfach: Alles von Wert braucht ein stabiles Fundament. Schließlich beginnst Du einen Hausbau auch nicht mit der Spitze des Daches.

Die Lösung daher vorneweg: Dazu musst Du dieses Buch nicht einmal lesen. ;-) Wer wirklich beruflichen und auch privaten Erfolg haben möchte, muss sich positionieren. Es gibt keinen Plan B oder eine versteckte Hintertür. Das ist Dein Weg!

Dieses Buch soll Dir die Macht einer ausnahmslosen Positionierung zu verstehen gegeben. Du bist damit in der Lage zu erkennen, welches Deiner Potenziale Du momentan noch verschenkst und was Du tun kannst, um das für Dich optimalste Potenzial auszunutzen.

KAPITEL 9

DU BIST ALLES,

ALLES BIST DU

*„Der, der belächelt, was andere sich „erträumen",
der unterschätzt die Macht unseres eigenen Denkens!"*

Stephy Beck

Erfolg beginnt im Kopf!

Im Laufe der Jahre habe ich viele Menschen beobachtet: Einige davon hatten einen Höhenflug, waren kurzfristig erfolgreich und sind dann tief gefallen, andere wiederum sind durch all ihre Handlungen an jedem Punkt, an dem sie sich entschieden haben, exponentiell gewachsen.

Manche sind auf der Stelle getreten und nie wirklich vorangekommen und ja, es gab auch einige, die aufgegeben haben. Ich habe versucht, zu analysieren, was wirklich den Unterschied ausmacht.

Warum manch einer mit unfassbarem Potenzial trotzdem scheitert und wie es sein kann, dass es hin und wieder Menschen gibt, die brutal unterschätzt werden ...

Bei allen Menschen, die ich auf ihrem Erfolgsweg begleiten durfte, und auch bei meinem eigenen Erfolg gab es tatsächlich nur einen einzigen Punkt, der den absoluten Unterschied gemacht hat.

Der Unterschied bist immer DU! Du, Deine Gedanken und Deine Einstellung zu den Dingen. Es ist verrückt, dass die Kenntnis dieser Tatsache nach wie vor eine solche Rarität ist.

Obwohl Du dies vielleicht gerade nicht zum ersten Mal liest oder hörst: Deine Gedanken sind der Schlüssel zum Erfolg! Und ich bitte Dich, dem Thema offen gegenüberzutreten, denn nur wer wagt, wer es wirklich ausprobiert und umsetzt, kann gewinnen!

Ich kann es nur zu gut nachvollziehen. Ich selbst stand irgendwann an dem Punkt, an dem ich mich in ein Mastermind-Seminar in Amerika eingekauft hatte und voller Erwartung in einem Raum mit 7 anderen Unternehmern und Unternehmerinnen saß, die alle das nächste Level erreichen wollten.

Wir saßen da, gespannt und voller Vorfreude, bereit, „noch erfolgreicher" zu werden ... Nun rate mal, was die erste Lektion war:

> „Was Du Dir nicht vorstellen kannst, wirst Du niemals erreichen!"

Als mir das ins Gesicht geworfen wurde, war ich frustriert, fast schon verärgert. Ich hatte keine sechsstellige Summe gezahlt, damit mir jemand

Fang an zu träumen

DU BIST ALLES, ALLES BIST DU

erzählt, dass ich einfach nur daran glauben muss, dass alles plötzlich und wie durch ein Wunder „gut, besser, ja geradezu hervorragend, grandios, einmalig, atemberaubend wird ..."

Ich hörte das Abschlusswort: <mark>„Das war's für heute. Setzt Euch mit Euren Gedanken auseinander, stellt keine Fragen, denkt nicht rational, TRÄUMT!"</mark>

Okay, das war's. Ich war drauf und dran mein Geld zurückzuverlangen: Das war's??? Ich war empört und trotzdem (das hatte ich aus vielen vorherigen Weiterbildungen mitgenommen) reflektierte ich: Was sollte mir diese Lektion sagen? Hatte ich bisher etwas Elementares übersehen?

Ich unterhielt mich mit den anderen Teilnehmer/innen, die alle durch eine Empfehlung in dieses Mastermind-Seminar gekommen waren. Sie berichteten mir, dass das eine Challenge sei und sie schlossen ihre Aussage mit: „Try it! We will see ... you have nothing to lose."

Und ja, das stimmte! Ich hatte nichts zu verlieren, denn der Betrag für das Mastermind-Seminar war von meinem Konto längst abgegangen, und ich war schließlich in die USA geflogen – genau dafür!

Also ging ich auf mein Zimmer ...

In 3 Tagen würden wir uns wiedertreffen und jeder sollte von seinen „Ergebnissen" berichten.

Mir war immer noch nicht so ganz klar, welche Ergebnisse gemeint waren und erst recht nicht, warum dieser ganze Zirkus mit Gedanken, Träumen, Vorstellungen und Wünschen begann ...

In meiner Erwartungshaltung hatte ich ein knallhartes Business- Coaching gebucht, und ich gebe es zu: Ich wollte mehr Geld verdienen und „frei" sein, weniger abhängig von irgendwelchen Kunden, Mitarbeitern, einem Hype oder großgesagten Trends ...

Kapitel 10

DIE GROSSE KRISE

„Einsam ist nicht der, der tatsächlich allein ist.
Sondern der, der sich allein fühlt, wenn das Leben
und die Menschen um ihn herum in Fülle tanzen ..."

Stephy Beck

Herz mit Tun vereinbaren

$\mathcal{M}$ir persönlich hat es die Augen geöffnet – an einem Punkt, an dem ich völlig blind war und selbst nicht erkannte, was ich eigentlich wirklich will!

Ich bin gefühlt in eine Falle stolziert: Denn obwohl ich nach außen alles hatte, was ich mir immer wünschte, so war ich innerlich leer.

Und hier kommen wir zu einer der wichtigsten Lektionen, die sich nochmals auf das Rad des Lebens beziehen.

==Wenn Du Dein Herz mit Deinem Tun nicht vereinst, lebst Du nicht nur im Kompromiss, sondern in einem Ungleichgewicht Deiner eigenen Befriedigung und Erfüllung.==

Bildlich lebst Du in einem Oval, vielleicht sogar einem Rechteck anstatt in einem Kreis.

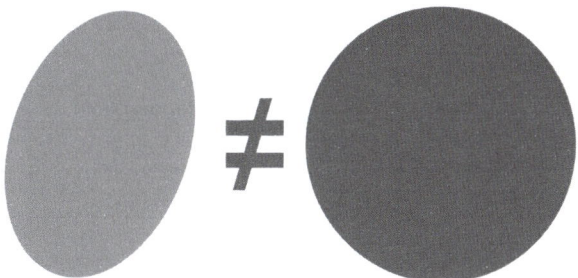

Dein Lebensrad hat keine Chance mehr, sich flüssig zu drehen und fängt an, zu (nun ja, sagen wir mal) eiern und ganz rumpelig zu springen – wie ein Holzrad, das stark abgefahren ist und an einigen Stellen tiefe Einkerbungen hat.

==Für ein glückliches Leben in Wohlstand ist es daher essenziell, dass Du bei Dir anfängst und Dir nicht nur für einen Teilbereich Deines Lebens über Deine Wünsche, Träume und Ziele klar wirst, sondern über alle Bereiche.==

Anderenfalls läufst Du Gefahr, Deine Ziele zwar zu erreichen, aber dabei einzelne Lebensbereiche zu vernachlässigen. So erging es mir.

Ich legte meinen ganzen Fokus auf mein Business.

Alle Handlungen und alles, was ich dachte, tat und mir wünschte, galt dem Erfolg meines Unternehmens. Sonst war da nichts.

Im ersten Moment mag sich das löblich, sinnvoll und richtig anhören, doch ich verrate Dir, was auf Dauer passiert ist:

Ich definierte damals Erfolg über ein gutes Einkommen, über ein schickes Auto, über viele Mitarbeiter, ein ansehnliches Büro und namhafte Kunden. In meiner Realität war ich erfolgreich, wenn ich all das in etwa erreicht hätte.

Offen gestanden, hatte ich nicht einmal wirklich ganz konkrete Ziele, sondern eher schwammige Zielideen. Auf meiner Wunschliste stand, irgendwann mal in Berlin wohnen zu wollen, eine gut laufende Softwarefirma zu betreiben und irgendwann auszuwandern – am liebsten in die USA.

Du siehst schon, meine Zieldefinition, mein damaliger Lebensplan hatte einige gewaltige Lücken. Mein ganzer Fokus im Leben galt einzig und allein dem Business. Und als ich mein gutes Gehalt hatte, als ich den schicken gelben Sportwagen fuhr und als ich in Berlin wohnte, ein Office mit tollen Mitarbeiter/innen und wunderbaren Kunden hatte – als ich quasi alles hatte –, überkam mich eine endlose Leere. Denn eigentlich „angekommen", war ich doch mehr eine Suchende denn je.

In den Jahren zuvor hatte ich mir nie mehr die Sinnfrage gestellt, sondern Tag ein, Tag aus einfach das getan, wozu ich mich einst entschieden hatte. Ich habe mir keine Auszeit genommen, mir nichts gegönnt und einen perfekt optimierten Alltag gelebt.

Doch als ich quasi alles hatte, was ich einst als ERFOLG definiert hatte, war ich verwundert, dass ich mich kein bisschen erfolgreich fühlte. Ich fühlte es einfach nicht.

Und das schreibe ich Dir heute nicht, weil ich Dir unbedingt meine Geschichte erzählen will, ich schreibe es, weil mir in den letzten zwei Jahren unzählige Menschen begegnet sind, denen es ähnlich erging.

Oft merken wir es anfangs gar nicht, sondern erst, wenn es quasi kurz vor knapp ist.

Ich wusste nicht, was ich mit meinem Leben anfangen sollte, wenn ich nicht arbeitete. Diese Frage hatte ich mir nie gestellt und ehrlich gesagt hatte ich auch keine Vorstellung, keinen Wunsch, was ich tun würde, wenn ich nicht arbeitete.

Es war diese Leere in mir selbst, die sich ausbreitete und die irgendwann nicht mehr zu ignorieren war. Ich musste mich zwangsläufig mit mir selbst auseinandersetzen und mir die unausweichliche Frage stellen, warum ich das alles eigentlich machte?

Ja, warum eigentlich?

Die Frage war ein Fass ohne Boden. Und ich kam mir selbst ziemlich bescheuert vor. Da konnte ich alles tun, was ich wollte, und beklagte mich noch über den Zustand, dass ich nun auch nicht wüsste, was ich noch machen sollte. Irgendwie paradox.

Es war verrückt, dass mich der Zustand, nämlich die Erreichung meines Zieles, in die größte Krise führte. Ist es nicht das, wonach jeder strebt? Das Ziel zu erreichen?

Diese Enttäuschung warf all meine Ansichten über Bord und durch die Aneinanderreihung von vielen unglücklichen Ereignissen auch meine Motivation. Wenn Du heute an einem ähnlichen Punkt stehst, weißt Du vielleicht, wie lähmend dieser Zustand sein kann und wie mühsam es ist, sich selbst zu motivieren, wenn man eigentlich keine Motivation mehr hat.

Ich habe damals alles versucht: Bücher, Seminare, Coaches, zuletzt bin ich sogar nach Thailand gereist, um mir bei einem „Guru" meinen Weg vorhersagen zu lassen.

Doch die Sache ist die: Jemand kann Dir die beste Idee präsentieren, den tollsten, einfachsten oder offensichtlichsten Plan. Doch wenn Du nicht bereit dafür bist, wenn Du es nicht spürst, wenn Du Dich nicht hineindenken kannst, wenn Du es nicht fühlst und es EHRLICH GLAUBST, dann sind all Deine Mühen vergeblich. Es wäre das Gleiche, wenn Du in einen Eimer mit Loch Wasser schütten und Dich nach einiger Zeit fragen würdest, warum nichts passiert und der Eimer immer noch nicht voll Wasser ist.

Es sickert einfach durch.

Wir unterschätzen manchmal, welche Willenskraft unser Unterbewusstsein und unser Geist hat. Und bitte: Das soll an dieser Stelle keineswegs esoterisch klingen. Ich möchte Dir hier nur lediglich verdeutlichen, dass Du Dein Bewusstsein und Deine Gedanken schärfen musst, wenn Du noch erfolgreicher werden möchtest und zwar erfüllt, glücklich und wohlhabend erfolgreich.

ÜBUNG: Warum tust Du das, was Du heute tust?

- Weil es mich erfüllt, meine Leidenschaft, mein Wissen, meine Erfahrungen im Leben anderer Menschen als Unterschied in ihrem Leben zu etablieren
- mir damit Freiheit & Wohlstand aufzubauen (= bedeutet gleichzeitig auch für unsere Familie, meine Eltern)

STORY: EINE UNTERNEHMERISCHE CHANCE

Ich gebe Dir noch ein Beispiel, an dem Du sicher erkennst, dass eine Chance allein nicht Erfolg produziert. Nur wer in der Sache seine Erfüllung spürt, hat den langen Atem, den es oft benötigt.

Also, machen wir uns auf eine kleine Reise, begeben wir uns in ein Experiment, in dem Du eine außergewöhnliche Chance bekommst – nicht zu groß, aber es ist ein Anfang:

Stell Dir vor, Du bekämst die Chance, eine Bäckerei in einer Kleinstadt im Ruhrpott zu übernehmen und würdest ab Morgen genau dort Backwaren verkaufen. Du hast erst einmal keine Ahnung davon. Du kannst weder backen noch hast Du eine Idee davon, wie die Backbranche funktioniert oder wie Du einen Laden führst. Du warst zuvor weder im Verkauf tätig noch hast Du Ahnung von den unzähligen Lebensmittelregelungen oder Hygienevorschriften.

Aber der Laden, den Du übernimmst, hat bereits alles, was Du benötigst, um quasi sofort loszulegen. Die Inneneinrichtung steht, das Kassensystem läuft, Du hast alle Kontaktdaten von den relevanten Lieferanten und kannst sofort starten.

Die Menschen in der Stadt und auch andere Kollegen aus der Branche sagen Dir, dass das Ganze herausragende Chancen bieten kann und dass der Laden durchaus eine Goldgrube werden könnte. Und Du hast Glück: Ein sehr erfahrener Bäcker und Konditor, der die Produktion der Teilchen übernehmen kann, möchte von Dir übernommen werden! Auch er sagt dir, dass die Sache mit dem Laden die besten Chancen habe und gut funktionieren könne. Der Laden hat keine Top-Lage, aber von der Laufkundschaft allein wird Dein Geschäft nicht funktionieren.

> » *Stelle Dir das bitte jetzt in allen Einzelheiten vor und lies erst dann weiter, wenn Du Dich ehrlich in die Lage hineinversetzt hast!*

Nun, wenn Du Dich ehrlich in die Gedanken einfinden kannst und Dich auf die Geschichte und meine Anweisungen einlässt, dann malst Du Dir wahrscheinlich gerade in diesem Moment aus, wie Du Kundschaft in den Laden bekommst, was Du backen wirst und wie Dein Angebot aussehen könnte.

Doch mal ganz ehrlich. Auch wenn das nun eine nette Gelegenheit wäre, könntest Du Dir wirklich vorstellen, für den Rest Deines Leben Backwaren in einer Kleinstadt zu verkaufen, in der Du eigentlich gar nicht leben willst? (Wer Bäcker ist oder einen Hang zu diesem Business hat, ist natürlich ausgenommen! Denn dann war das Beispiel für Dich ein „Heimspiel").

Aber wenn Du so überhaupt keinen klaren Gedanken fassen konntest und Du Dir während des Lesens vielleicht sogar gedacht hast „So ein Schwachsinn!", dann verrate ich Dir etwas:

Du kannst Dich mit der Rolle nicht identifizieren und hättest eher eine Abneigung dagegen, diesen Laden zu übernehmen.

Unsere Geschichte geht noch weiter ...

Tatsächlich ist das kein fiktives Beispiel, sondern eine wahre Geschichte! Der Laden, von dem ich spreche, wurde vom Sohn eines Familienbetriebs einer mittelständischen Bäckerkette übernommen. Das Geschäft in der Kleinstadt war schon seit über 8 Jahren im Besitz der Familie und wuchs in den vergangenen Jahren kontinuierlich und war äußerst profitabel. Bevor der Sohn schon bald die Nachfolge des Vaters antreten sollte, beschloss sein Vater, er solle sich erst einmal bei diesem einen Laden beweisen. Du kannst Dir an dieser Stelle vermutlich denken, was passiert ist.

Der junge Mann wirtschaftete das Geschäft innerhalb kürzester Zeit völlig herunter. Egal, welche Möglichkeiten ihm geboten wurden, er wusste nichts damit anzufangen. Und selbst als sein Vater einen der besten Verkaufsangestellten seines Unternehmens für das Ladengeschäft seines Sohnes bereitstellte, zeigten die Verkaufszahlen keinen Erfolgskurs.

Ganz im Gegenteil: Die Mitarbeiterin verließ nach jahrelanger Treue zum Betrieb nach wenigen Monaten, in denen sie in diesem Laden tätig war, überraschend das Unternehmen.

Sein Vater stellt fest, dass dieses Ladengeschäft nicht nur in den letzten Monaten massiv die zahlende Kundschaft verloren hatte, sondern gegenüber allen anderen Läden auch das schlechteste Geschäft machte.

Der Vater war ratlos. Und obwohl es ganz offensichtlich war, wollte er nicht einsehen, dass diese dramatische Änderung nur bei diesem einen Geschäft eingetreten war und zwar erst, nachdem sein Sohn diesen einen Laden eigenständig übernommen hatte.

Der Laden hatte viele Möglichkeiten und Chancen, sich an Events und Aktionen der Stadt zu beteiligen und es gab auch einige gute Konzeptideen, die allerdings alle unbeachtet blieben und nie umgesetzt wurden. Es schien fast, als wolle man den Erfolg dieses Geschäfts sabotieren. Die Wirtschaftlichkeit des Unternehmens war im Allgemeinen sehr gut und die Marke hatte in der ganzen Umgebung einen guten Ruf. All das weiß ich, weil ich es damals selbst überprüft hatte.

Meine Agentur und ich wurden damals für die Modernisierung und Neuausrichtung der Marke eingekauft, besonders im digitalen Bereich. Und ich mache es kurz:

Wir endeten bei der Frage, was jeder einzelne der beiden Geschäftsmänner, Sohn und Vater, wirklich wollten, was sie voneinander erwarteten und wie wir die unterschiedlichen Erwartungshaltungen zu einem Erfolg führen könnten.

In einem langen persönlichen Gespräch unter 6 Augen stellte sich heraus, dass der Sohn absolut keine Absichten hatte, die Bäckerkette seines Vaters jemals zu übernehmen.

Ganz im Gegenteil – er war ziemlich direkt und machte seine Position klar, nämlich dass er das Unternehmen gerne direkt verkaufen würde. Er hatte eine absolute Abneigung gegenüber den Dingen, die er täglich tun sollte und es erfüllte ihn keineswegs (später stellte sich heraus, dass das auch der Grund gewesen war, weshalb die langjährige Mitarbeiterin das Unternehmen verlassen hatte – ihr verging die Lust an ihrer täglichen Arbeit unter der leidenschaftslosen Führung des Sohnes).

Das Interessante war, dass der Vater keinen einzigen Gedanken dafür aufgebracht hatte, dass der Sohn das Geschäft nicht übernehmen wollen könnte. Für ihn war das eine klare Sache und in seiner Realität gab es keine andere Option.

Der Vater hatte sich so sehr einen Nachfolger für sein Unternehmen (dem ganzen Stolz der letzten Jahre) gewünscht, dass er jede Situation in Betracht gezogen hatte und nur in diesem Fall „blind" war und es auch bleiben wollte.

Wie geht die Geschichte nun aus? Der Vater erkannte, dass er mit vollem Herzblut das tat, was er liebte, und genau damit und deshalb diesen Erfolg hat. Schweren Herzens aber erkannte er auch, dass sein Sohn ihm nie nachfolgen würde. Er begriff, dass die Leidenschaft seines Jungen darin lag, Pilot zu werden und Langstreckenflüge durch die Welt zu absolvieren.

> „Es fällt mir schwer, doch selbst ich begreife, dass ich jemanden, der die Welt bereisen, der fliegen möchte, nicht in einer Backstube einsperren kann."

Wir nahmen also das Lebensrad des Sohnes und die Erwartungshaltung des Vaters und machten deutlich, dass es hier keine wirklichen Gemeinsamkeiten gibt und dass, wenn der Sohn das erfolgreiche Business übernehmen würde, er immer in einem Kompromiss leben würde, der letzlich in die Erfolglosigkeit steuern würde. Seinem Vater gab ich dieselbe Aufgabe: Er sollte mir seine Lebensvorstellung für die nächsten 30 Jahre skizzieren.

Erstaunlicherweise war er sich all seiner Ziele, die er noch im Leben erreichen wollte, bewusst und so galt es für uns lediglich den Weg zu finden, um diese auch zu erreichen.

Es geht heute nicht um den Lebensplan des Bäckers, aber ich möchte die Geschichte von diesem einen Laden abschließen. Nachdem der Sohn den Laden verlassen hatte, beschlossen wir mit einigen ambitionierten Mitarbeitern des Unternehmens, einen Test zu starten. Wir hatten nicht viel zu verlieren, denn über die letzten Monate hatte das Geschäft, wie gesagt, einige Einbußen gemacht.

Unser Ziel war es also, dieses Geschäft wieder so beliebt und gut besucht zu machen, wie es einst war. Dazu brauchten wir eine gute Geschichte oder eine Idee, die die Menschen begeisterte.

Und siehe da: Wir ließen diese eine Filiale einzig und allein von den besten Azubis führen, die sich in Marketing und Verkauf „austoben" durften. Natürlich stellten wir ihnen Ansprechpartner zur Verfügung, aber das würde nun viel zu weit ins Detail gehen. Und Du ahnst wahrscheinlich, was dann passierte:

Überzeugung, Leidenschaft & Begeisterung

DIE GROSSE KRISE

Die Filiale wurde überaus erfolgreich und wird heute sogar im Touristenmagazin der Stadt als absolute Empfehlung angepriesen. Die Zeitung und das lokale Radio berichteten darüber und der Zulauf war größer denn je!

Der Filiale, die eben noch auf die Pleite zusteuerte, war es unter denselben Gegebenheiten plötzlich möglich, bedeutend mehr Erfolg und mehr Gewinn denn je zu erzielen! Und der Sohn verließ das Unternehmen im Guten und steuerte endlich das an, was ihn erfüllte.

Die Moral dieser Geschichte ist:

Wir können die besten Voraussetzungen haben, wenn unser Wille und unser Geist nicht mitmachen oder – anders ausgedrückt – wenn wir nicht begeistert sind (!), werden wir über kurz oder lang im Mittelmaß ertrinken. Oder wir werden, wie in diesem Beispiel, auf unser eigenes Scheitern unterbewusst hinarbeiten.

Es ist also von essenzieller Notwendigkeit, dass Du aus Überzeugung, Leidenschaft und mit Begeisterung für Dein Business handelst. Frag Dich daher bitte im Folgenden, was für Dich in Deinem Leben sowohl privat als auch beruflich wünschenswert wäre und was für Dich Erfolg in jedem einzelnen Bereich und gemeinsam bedeutet. Bedenke, Erfolg ist in diesem Zusammenhang als ein messbares Ziel zu sehen. Etwas, das Du anhand der Wirkung oder des Ergebnisses klar und deutlich für Dich erkennen kannst, z. B. könnte für Dich Erfolg im Business wie folgt definiert werden: „In meinen Augen bin ich privat erfolgreich und glücklich, wenn ich mir ein eigenes Boot leisten kann."

Aufg.

oder

„In meinen Augen bin ich privat erfolgreich und glücklich, wenn ich mit meiner Frau jedes Jahr einen Tag ein Picknick auf dem höchsten Berg unserer Region machen kann." Schreib ruhig pro Lebensbereich so viele Erfolgssätze auf, wie Dir sofort und ohne nachzudenken einfallen, denn: Erfolg kennt keine Grenzen!

Also: Was ist Erfolg?

Wenn Du Dich jemals gefragt hast, was also Erfolg nun wirklich ist: Erfolg ist kein Mysterium, Erfolg ist nichts, das Du nur mit einem bestimmen Abschluss erreichen kannst.

> » *Erfolgreich ist der Unternehmer, der zum ersten Mal sein eigenes Business wagt, der mutig ist, sich selbstständig zu machen, weil er das im Grunde – tief in seinem Herzen – schon immer wollte.*
> » *Erfolgreich ist der Vertriebler, der der Beste aus dem ganzen Team wird, der die höchsten Umsätze erzielt und daher besonderes Lob genießt, weil es genau das war, was er sich immer gewünscht hatte.*
> » *Erfolg ist es, wenn Du als Angestellter befördert wirst, wenn Du mehr Gehalt bekommst, eine neue Position einnimmst und Dich darüber aus tiefstem Herzen freust, weil es das ist, was Du immer wolltest.*

Erfolg hängt nicht davon ab, was es ist. Erfolg misst sich an dem Wert, dem Du der einzelnen Sache gibst.

Denke bitte daran: Erfolg ist nicht richtig oder falsch. Du allein bewertest, was für Dich ganz persönlich ERFOLG ist und zwar völlig wertfrei!

Stelle Dir daher jetzt die Frage, ab wann Du Dich selbst als „erfolgreich" siehst und auch öffentlich bezeichnen würdest!

ÜBUNG: In meinen Augen bin ich erfolgreich, wenn ...

- ich mein eigenes erfolgreiches Business habe, was Menschenleben positiv verändert
- Zeit für meine Kinder, Familie, Freunde & Hobbys habe
- im Einklang mit meinen Werten lebe
- meine Wahrheit lebe
- ich immer wieder mutig bin
- ich an mich selbst glaube
- mich in meiner Haut wohl, gesund & fit fühle
- ich ein Umfeld habe, was mir Energie gibt
- eine glückliche Partnerschaft lebe
- ich Selbstverantwortung für ALLES übernehme

KAPITEL 11

ERFOLG

*„Erfolg ist für keinen zweiten
Menschen gleich messbar."*

Stephy Beck

Bevor wir in die Umsetzung gehen, ist es wichtig, eine klare Vorstellung darüber zu gewinnen, was Du eigentlich erreichen möchtest. Nur wer sein Ziel kennt, kann auch dort ankommen! Oder anders gesagt: Wer den Hafen nicht kennt, in den er segeln will, für den ist kein Wind der richtige!

Du musst wissen, was Du willst, was Dein Lebensziel ist und was für Dich Erfolg überhaupt bedeutet. Denn genau genommen ist Erfolg kein fester Rahmen, sondern individuell abhängig von der jeweiligen Person, deren Werten und Wünschen.

Genau hier starten wir!

Meine Frage an Dich: Was genau bedeutet Erfolg für Dich? Der deutsche Duden definiert Erfolg als ein „positives Ergebnis einer Bemühung; Eintreten einer beabsichtigten, erstrebten Wirkung". Damit ist Erfolg etwas, das wir fokussieren, das wir ehrlich beabsichtigen und bewusst wollen. Erfolg ist also etwas, wofür wir aktiv in die Umsetzung gehen und tätig werden, um das Ziel mit Wirkung zu erreichen.

Erfolg wird also als sichtbare oder spürbare Wirkung definiert. Damit haben wir die Chance zu erkennen, wann sich Erfolg einstellt. Tatsächlich machen sich die wenigsten Menschen aber eine klare Vorstellung darüber, was für sie persönlich Erfolg ist, d. h. wie sie in ihrem Leben ganzheitlich glücklich und erfolgreich (oder eben wohlhabend) werden. Um ein Business aufzubauen, das Dich erfüllt und Dir ein Leben in Wohlstand ermöglicht, brauchst Du aber genau diese Klarheit und Ausdauer! Damit gemeint ist die Ausdauer, die mit der Klarheit einhergeht, zu wissen, was Du wirklich willst, was Dich wirklich ehrlich und aus tiefstem Herzen – auch langfristig – begeistert. Wir stehen auf Nachhaltigkeit, auf Erfolg, der bleibt! Ich hatte es eingangs schon erwähnt. Was Du in diesem Buch für Dich mitnimmst, ist keine „Schnell-über-Nacht-reich-werden-Methode". Ganz im Gegenteil: Es ist das Rezept, um Gehör bei den richtigen Menschen zu finden, um Begeisterung in Dir und Deinem Umfeld zu wecken, um Beständigkeit zu schaffen und um glücklich wohlhabend zu sein!

Und nicht nur deshalb, aber auch deshalb, solltest Du Deinen langfristigen Weg ganz und gar kennen! Es mag sich vieles entlang des Weges und mit der Zeit verändern und das ist auch gut so! Doch ist es wichtig, einen Weg überhaupt einzuschlagen und sein Ziel, komme was wolle, niemals aus den Augen zu lassen.

Als ich das begriffen hatte, war ich zuvor schon einmal in die komplett falsche Richtung gerannt: 6 Jahre meines Lebens saß ich im „falschen" Bus. Und damit meine ich: Ich war zwar beschäftigt und mir ging es auch nicht schlecht, aber ich war weit weg vom Erfüllt-Sein, das im Grunde jeder Mensch anstrebt. Das kannst Du mal eine Zeit lang machen, aber wenn Du Dein ganzes Leben lang unterdrückst, wonach Dein Geist schreit, dann sitzt Du im falschen Bus und bist nicht bereit, die Richtung zu wechseln.

Kapitel 12

DER FALSCHE BUS (BEVERLY HILLS)

*„Manchmal ist es die größte Kunst etwas „loszulassen",
was ohnehin nicht mehr funktioniert."*

Stephy Beck

Auf einer meiner Reisen, während ich dieses Buch schrieb, checkte ich im legendären Beverly Hilton Hotel in BEVERLY HILLS ein.

Marilyn Monroe, Whitney Houston, John F. Kennedy, Audrey Hepburn, Barack Obama und viele, viele mehr waren hier!

Es ist ein ganz magischer Ort, der den Zeitgeist des „alten Hollywood", der goldenen Zeit aus früheren Tagen, in ein schickes neues Gewand gehüllt hat, ohne den Flair der glamourösen Vergangenheit zu zerstören.

Es ist wirklich beeindruckend! Und ja, Du merkst es schon: Ich schwärme etwas, denn früher war es einer meiner „Träume", die damals ziemlich unerreichbar schienen, hier mal zu übernachten, mir eine der luxuriösen Suiten zu gönnen und das bekannteste Hotel von Los Angeles live zu erleben und (in diesem für mich ganz besonderen Ort) einzuchecken.

Eines Mittags saß ich im Restaurant am Pool. Wenige Minuten, nachdem ich bestellt hatte, setzten sich zwei Frauen an den Nebentisch. Sie diskutierten und waren ganz offensichtlich in ihrem Gespräch sehr aufgebracht.

Zunächst schenkte ich den beiden keine weitere Aufmerksamkeit ich war schließlich in meine Arbeit vertieft und interessiert mich wenig für deren private Auseinandersetzung.

Bis folgender Satz fiel:

„Jessica, you are in the fucking wrong bus. Why don't you get it?"

„Jessica, Du sitzt verdammt nochmal im falschen Bus. Warum verstehst Du das nicht?"

Sinngemäß heißt es, dass die Frau (Jessica) wohl mit irgendetwas auf dem falschen Weg war – so zumindest die Ansicht ihrer Freundin (ich kenne ihren Namen nicht, doch nennen wir sie der Einfachheit halber Anna).

Ok, wow! Das hatte gesessen und mit diesem Satz hatten die beiden meine Aufmerksamkeit (ja zugegeben, ich lauschte dem Gespräch, was eigentlich sowieso nicht zu überhören oder zu ignorieren war).

Es ging ums Business.

Ich verstand, dass Jessica wohl seit geraumer Zeit irgendetwas versuchte und damit nie wirklich durchschlagenden Erfolg hatte. Oder zumindest nicht den Erfolg, den sie eigentlich damit haben könnte.

Anna wurde fast schon hysterisch und forderte sie auf, sich endlich zu entscheiden und es durchzuziehen.

Jessica schwieg.

„If you are in the wrong bus, you cheat on yourself ... because you feel like something is happening, you are still driving of course, but – you will never get where you suppose to be!

Because, you are all the time on the wrong track.

If you are sitting in the wrong bus and don´t ask someone or somebody is telling you that you are heading in the wrong direction ... You know what happens?

You are wasting every second of your life, looking for something, searching (!), that you will never find, because you are not brave enough to ask, you are not brave enough to give your 100% commitment ... you are not brave enough to focus on one thing ... to take it all and you are not brave enough to get out of the shitty bus, and start driving in a new direction, by a new bus, with new people, new opportunities and the way your heart is leading you."

DE: „Wenn Du im falschen Bus sitzt, betrügst Du Dich selbst ... Du machst Dir die ganze Zeit etwas vor, denn Du hast permanent das Gefühl, es passiert ja was, schließlich fährt der Bus, Du bewegst Dich, aber wenn Du ehrlich zu Dir selbst bist, kommst Du nicht von der Stelle ... und insgeheim weißt Du: So wirst Du nie dort ankommen, wo Du eigentlich hinwillst und hingehörst!!

Du fährst zwar, doch statt Dich Deinem Ziel zu nähern, fährst Du die ganze Zeit in die falsche Richtung. ...

DER FALSCHE BUS

Wenn Du im falschen Bus sitzt oder vielleicht gar nicht weißt, in welchem Bus Du überhaupt bist ... du nie mal jemanden fragst, wohin die Reise eigentlich geht, und Dich auch niemand darauf aufmerksam macht, dass Du im falschen Bus sitzt ... weißt Du, was dann passiert?

Du verschwendest jede einzelne Sekunde Deines Lebens und suchst nach etwas, das Du tatsächlich niemals finden wirst ... Du hältst Dich selbst auf, weil Du nicht mutig genug bist, mal jemanden um Hilfe zu fragen, weil Du nicht mutig genug bist, 1000% Commitment zu Dir und zu dem, was Du eigentlich willst, zu geben ... Dich ganz hinzugeben und das zu tun, was du schon immer tun wolltest. Weil Du nicht mutig genug bist, Dich auf eine Sache zu fokussieren und dort wirklich mit ganzem Herzblut reinzugehen ... (vielleicht sogar, weil Du zu stolz bist). Du hältst Dich selbst auf, weil Du nicht mutig genug bist, aus dem beschissenen Bus auszusteigen (!), eine neue Richtung einzuschlagen und mit einem neuen Bus, mit neuen Menschen, neuen Möglichkeiten Deinem Herzen, Deiner Intuition, einem Impuls zu folgen. Du bleibst lieber im falschen Bus sitzen, anstatt Dich zusammenzureißen und mal kurz mutig zu sein!"

Anna wies sie darauf hin, dass Jessica sich selbst sabotiere und dass sie es sich langsam nicht mehr mit ansehen könne ...

Es schien sie wirklich zu verletzten, welches Potenzial ihre Freundin da brachliegen ließ. „If you want more in life, you need to learn to let things go ... because life, success and relationship love commitment and flow."

DE: „Wenn Du mehr im Leben willst, lerne Dinge loszulassen. Denn das Leben, Erfolg und sogar Beziehungen lieben Commitment und den magischen „Flow"-Zustand!" Mit allem, was sie sagte, hatte sie es auf den Punkt gebracht. Es sind nicht die äußeren Umstände, es sind nicht die Menschen (dein Umfeld), die mit uns im Bus sitzen, es ist nicht mal der Bus selbst ...

Dass es so ist, wie es ist, ist die Konsequenz Deiner Entscheidungen und ob es so bleibt, wie es ist, wird das Ergebnis Deiner Entscheidungen sein! Es ist Deine Entscheidung, ob Du weiter den Weg fährst, den Du schon die letzten 2, 5, 10, 15 Jahre gefahren bist, oder ob Du bereit bist, den Bus zu verlassen, auszusteigen, um Dich auf Deinen Herzensweg zu machen.

Mit einem Bus voll Menschen, die ähnlich ticken, die auch auf ihrem Herzensweg sind ... mit neuen Chancen, Deiner Erfüllung und einem klaren Ziel vor Augen. Ich kann Dir heute eines garantieren, ich kenne niemanden, der einem unzufriedenen Zustand (also sinnbildlich dem ‚falschen Bus') hinterher gejammert hat! Wenn Du nicht glücklich bist mit Deinem Business, Deinem Job, Deinem derzeitigen Leben, Deinen Kunden, Deinen Finanzen und Du vielleicht (noch) nicht einmal weißt, woran es genau liegt, dann frag Dich selbst: Sitze ich im richtigen Bus?!

Denn wer versteht, dass unsere Erfüllung, unser Erfolg, unsere Begeisterung immer in uns selbst liegen, der versteht, dass es das Wichtigste von allem ist, zu wissen, was man willst!

Was willst Du?

ÜBUNG: All Deine Wünsche

Schreib alles auf, was Dir bei dieser Frage in den Sinn kommt, jetzt und ohne darüber nachzudenken. Und vor allem: Schreib es auf! Versuch nicht, bereits die erste Übung zu überspringen, sondern werde Dir bewusst, was Du wirklich, wirklich willst. Versuche möglichst alle Deine Wünsche und Gedanken niederzuschreiben.

- 10.000 € pro Monat
  ↳ eigenes Team, dass ich überdurchschnittlich gut bezahlen kann
- nachhaltige glückliche Partnerschaft
- Business & Kinder in Leichtigkeit
- Haushaltshilfe
- grandiosen Freundeskreis
- durchtrainierter, fitter Körper
- qualitative & nachhaltige Kleidung
- hochwertiger Friseurtermin, Kosmetikerin, Mani- & Pediküre
- Urlaub so oft & so viel wir wollen
- passives Einkommen
  ↳ + Geld für sich arbeiten lassen

Kapitel 13

WER NICHT WEISS, WAS ER WILL, WIRD ES AUCH NICHT BEKOMMEN

„Wer nicht weiß wofür er lebt, lebt um zu sterben."

Stephy Beck

Es ist so simpel, wie wir es sagen: Wenn Du Dein Ziel nicht kennst, kennst Du Dein Ziel nicht.

Doch dabei ist genau das einer der wichtigsten Faktoren für Erfolg. Denn Du kannst nur wachsen, wenn Du weißt wohin.

Du kannst Deinen Erfolg nur messen, wenn Du bewerten kannst, wie weit das Ziel noch entfernt ist, oder ob Du es bereits erreicht hast und Deinen Horizont nun erweitern musst.

Es ist der wichtigste Bestandteil der Wohlstandsformel, zu wissen, was Du willst, zu wissen, was Dein tatsächliches Ziel ist.

Wenn Dir dies nicht bewusst ist, steuerst Du ziellos … ja wohin eigentlich? Du magst vielleicht erfolgreich sein, doch wird Dich der Erfolg nicht erfüllen, weil Dir nicht bewusst ist, dass es Dein Weg ist. Für einige Jahre können wir die Frage nach unserem Lebensziel, nach unserem Warum ausblenden, doch irgendwann holt sie Dich ein.

Wer sich nie gefragt hat, was er im Leben wirklich erreichen möchte, der dreht ein Rad, Tag ein Tag aus, ohne Sinn und Verstand.

Wenn wir nicht das Beste aus unserem Leben machen wollen, was machen wir dann?

Nicht zu wissen, wo man hinwill, wäre vergleichbar damit, blind in ein Auto einzusteigen, loszufahren und sich dann permanent zu wundern, dass man niemals ankommt.

Wie sollst Du irgendwo ankommen, wenn Du gar kein Ziel hast? Wie sollst Du etwas erreichen, wenn Du gar nicht wirklich weißt, was Du erreichen willst, ja, wenn Du Deinem Hirn sogar vermittelst, dass Du gar nichts wirklich erreichen willst?

Denn genau das tust Du, indem Du kein klares Ziel angibst.

Wenn Du kein Verständnis und kein Bewusstsein darüber hast, was alles möglich ist und was Du eigentlich willst, wirst Du im ziellosen Mittelstand hängenbleiben. Menschen, die zwar beschäftigt sind, sicher auch einige Glücksmomente haben, aber die nie ganz erfüllt sind.

WER NICHT WEISS, WAS ER WILL, WIRD ES AUCH NICHT BEKOMMEN

==Menschen, die am Ende ihres Lebens ihren letzten Atem mit dem Satz „Hätte ich ..." beenden.==

==Menschen, die eigentlich unglaublich viel Potenzial hatten, aber es nie herausgefordert haben, die nie nach mehr im Leben gefragt haben und deshalb auch nicht mehr bekommen haben.==

Es ist so wichtig, weil darauf alles beruht, und ich versuche, es so einfach und nachvollziehbar wie möglich zu erklären:

» *Sicher kennst Du Menschen, die den Raum betreten und plötzlich beginnt die Party, auf einmal wendet sich das Blatt und irgendwie sind alle viel besser drauf?*

» *Oder Du kennst jemanden, der Dir von einem Thema erzählt hat, mit dem Du Dich bisher noch nie beschäftigt hattest und das eigentlich außerhalb Deines Interessengebiets liegt. Doch diese Person schafft es mit ihren Erzählungen, Dich ehrlich dafür zu begeistern. Du hörst gespannt zu und als das Gespräch endet und jeder wieder seine eigenen Wege geht, fühlst Du Dich inspiriert, ja geradezu aufgeregt und glücklich – einzig und allein durch dieses energiegeladene Gespräch.*

» *Und es beginnt selbst damit, dass Du Dich früh morgens an der Starbucks-Schlange anstellst, um Dir Deinen Lieblingskaffee für den perfekten Start in den Tag zu holen. Du bist an der Reihe und die Verkäuferin auf der anderen Seite des Tresens sagt: „Guten Morgen, wie möchtest Du heute in diesen herrlichen Tag starten? Darf ich Dir wieder einen Salted Caramel Mocha machen?" Und mit einem breiten, herzlichen Lächeln greift sie nach Deinem Becher.*

» *Du wachst morgen neben Deinem Partner auf und das erste, was die Person neben Dir sagt, ist: „Guten Morgen, mein Schatz! Aufwachen, ein wunderbarer Tag wartet darauf, von uns gelebt zu werden."*

Alltagsbsp.

WER NICHT WEISS, WAS ER WILL, WIRD ES AUCH NICHT BEKOMMEN

Im gleichen Atemzug kommen Dir sicher auch folgende Szenarien bekannt vor:

» Du machst Dir Sorgen über eine Rechnung, die Du noch unbedingt zahlen musst und genau an diesem Tag flattert die Mahnung ins Haus.

» Du sorgst Dich, dass der Schnupfen, den Du seit 2 Tagen mit Dir rumschleppst, schlimmer wird und Hals, Husten und Ohrenschmerzen dazukommen – und was passiert? Am nächsten Tag wachst Du auf und hast die Halsschmerzen, Husten und Deine Ohren tun weh.

» Wenn wir glauben, dass es nie jemand wirklich gut mit uns meint, dass viele Menschen Dich nicht ernst nehmen, Dich und Deine Gutmütigkeit vielleicht sogar ausnutzen und Du Dir nie genug vorkommst, dann weißt Du, so hart das nun auch klingen mag, dass genau das auch eintreffen wird.

» Du hast einen wichtigen Termin, der Dir persönlich am Herzen liegt, und bist etwas zu spät losgekommen. Du steigst in Dein Auto und machst Dir permanent Gedanken darüber, dass Du zu spät kommst. Du willst schneller fahren, um irgendwie wenigstens noch ein paar Minuten Schadensbegrenzung zu betreiben und vielleicht mit ein bisschen Glück doch noch irgendwie punktgenau einzutreffen … und was passiert?

» Auf der Strecke, die sonst eigentlich immer frei ist, ist ausgerechnet heute ein Stau, eine Umleitung oder eine komplette Vollsperrung. Du kommst nicht nur ein bisschen zu spät, Du verpasst den Termin.

» Jeden Morgen, wenn Du aufwachst und Deinen schlafenden Partner neben Dir ansiehst, kommt ein leiser Gedanke in Dir hoch: Was ist, wenn er mich eines Tages verlässt? Vielleicht findet er/sie irgendwann eine/n andere/n Partner/in, der/die viel besser zu ihm/ihr passt.

» Vielleicht betrügt er/sie mich längst? Vermutlich wird die Beziehung nach einigen Jahren auseinandergehen, weil der/die Partner/in tatsächlich jemanden gefunden hat, der/die in seinen/ihren Augen viel besser zu ihm/ihr passt.

Was auch immer es ist. Es sind Deine Gedanken, die Dein Verhalten beeinflussen und genau darum geht es.

Jemand, der immer nur das Schlechte sieht, immer nur die vielen kranken Menschen wahrnimmt, den Krieg, die furchtbaren Steine, die sich ihm in seinen Weg stellen, jemand, der sich immer nur sorgt, dessen Gedanken sich permanent um Mangel drehen, zieht diesen Mangel an.

Es ist sogar recht leicht zu erklären. Mal abgesehen davon, dass es unzählige Studien gibt, die belegen, dass wir selbst durch unsere eigenen Gedankenkraft unser Glück oder Unglück im Leben lenken, so ist es selbst durch diese eine Sache einfach erklärbar:

Unsere Gedanken beeinflussen unser Handeln. Und das ist auch völlig legitim. Wenn wir denken, unser Partner betrüge uns, wird in allem, was wir tun, ein Funke Misstrauen mitschwingen. Dieser Funke Misstrauen ist aktiv nicht wirklich wahrnehmbar, Du selbst merkst es vielleicht gar nicht und auch beim Gegenüber kommt es nicht offensichtlich an, aber es liegt etwas in der Luft.

Genau das merkt Dein Partner und stellt sich aus diesem Grund vielleicht ebenfalls die gleiche Frage oder hat einfach permanent das Gefühl, dass etwas nicht stimme.

Langfristig belastet das die Beziehung und führt dann tatsächlich zu einem unzufriedenen / unglücklichen Zustand, obwohl ursprünglich vielleicht gar keiner vorhanden war!

Wenn wir uns permanent mit dem Gedanken umgeben, dass es bei allen anderen immer viel leichter sei, weil Grund XY zu deren Gunsten spiele, wenn wir Hilfe ablehnen, weil wir glauben, dass die Person uns ausnutzen könne, wenn wir generell Nähe, egal ob es hier um eine Zusammenarbeit, eine Freundschaft oder um eine Beziehung geht, ablehnen, wenn wir misstrauisch dem gut gemeinten Rat anderer Menschen gegenüberstehen, so werden wir unterbewusst die Sache oder die Person von vornherein ablehnen.

Und ohne dass wir es aktiv beeinflussen oder merken, wird die Person gegenüber es spüren und sich dann tatsächlich abwenden, und zwar nicht weil sie das von Beginn an vorhatte, sondern weil sie sich unwohl fühlt in der Konstellation, dem Rahmen, den Du durch Dein Verhalten geschaffen hast.

Auch an dem Spruch:

> Du bist, was Du sein willst.
> Denn: Was Du denkst ist und wird Deine Wirklichkeit ...
> Deine Gedanken erschaffen Deine Realität.

Warum ist das so? Weil wir Menschen Ausstrahlung haben! Und das Einzige, was wir nicht aktiv kontrollieren können, sondern allein über unsere Gedanken, ist unsere Aura, also das, was uns umgibt, welche Signale und Energie wir unterbewusst gegenüber anderen Menschen ausstrahlen.

Es gibt noch Millionen weiterer Beispiele, doch ich denke, Du weißt, was ich meine. Es macht einen gewaltigen Unterschied, was wir unserem Leben für Gedanken geben! Wer das Glas, das bis zur Mitte mit Wasser gefüllt ist als „voll" bezeichnet, der konzentriert sich auf das Gute, das Positive, den Überfluss.

Wer sich hingegen beschwert, weil das Glas, das bis zur Mitte mit Wasser gefüllt ist, „fast schon leer" ist, der konzentriert sich auf den Mangel, den Verlust, die negativen Seiten des Lebens.

Ich hoffe, mit diesen Zeilen ist Dir dies nochmals ganz bewusst geworden. Deine Gedanken beeinflussen Deine Handlung. Deine Handlungen beeinflussen Deine Wirklichkeit, denn Sie schaffen Deine Realität.

Kapitel 14

HIGHWAY DURCH DIE WÜSTE

*„Hin und wieder schaut etwas so aussichtslos aus,
dass wir beinahe trotz all unserer Überzeugungen
aufgeben wollen. Doch genau DAS ist der Moment,
der über den Sieg entscheidet!"*

Stephy Beck

Wer schon einmal von Los Angeles nach Las Vegas über den Highway gefahren ist, der weiß, dass die Straße quasi 4-5 Stunden kerzengerade und ohne Kurven durch die Wüste verläuft. Du siehst nichts außer Sand. Manchmal kommt Dir während der ganzen Fahrt nicht einmal ein einziges Auto entgegen und wenn Du Dich entschließt, bei Nacht zu fahren, so sind die Straßen stockdunkel, denn es gibt keine Laternen und keine Lichter am Straßenrand.

Warum erzähle ich Dir das?

Wenn Du nicht ganz fest wüsstest, dass Las Vegas Dein Ziel ist und Du nicht auf die Meinung anderer oder auf Dein Navigationssystem, in das Du Dein Ziel fröhlich eingetippt hast, vertrauen würdest, so würdest Du Dich auf der 5-Stunden-Fahrt irgendwann fragen, ob Du überhaupt richtig bist und warum Du überhaupt auf die schwachsinnige Idee gekommen bist, mitten ins Nirgendwo zu fahren.

Ich bin überzeugt davon: Wenn Du Dein Ziel nicht kennen würdest und andere nicht um Rat oder Hilfe gefragt hättest, wie Du dieses Ziel erreichst, Du wärst eingeknickt und umgekehrt, aus Angst, dass irgendwann mitten in der Wüste doch keine Tankstelle mehr kommt und Du Dich in völliger Dunkelheit verirrst.

Irgendwann fragt man sich vielleicht, warum man eigentlich los gefahren ist. Und zwangsläufig wirst Du Dich irgendwann fragen: Was zur Hölle mache ich eigentlich in diesem Auto?

Wo fahre ich hin?

Kapitel 15

WAS IST DEIN (LEBENS-)ZIEL?

*„Wer sagt denn, dass Du Deine
Träume nicht leben kannst?"*

Stephy Beck

Die Frage ist mächtig und ich weiß nicht, wie es Dir geht, aber mir wurde sie bereits unzählige Male gestellt und natürlich habe ich mich selbst gefragt: Ja, was ist eigentlich das Ziel all meiner Handlungen?

Besonders, wenn man in der Start-up-Szene unterwegs ist, und genau dort bin ich mal gestartet, beginnt fast jedes Gespräch mit dem Satz: „What's your passion?" Du wirst nicht gefragt, womit Du Geld verdienst, was Du machst, sondern was Deine Leidenschaft ist. Man geht schlichtweg davon aus, dass das dann auch Dein Business ist: eine völlig neue Denkweise gegenüber unserer herkömmlichen Arbeitswelt.

Also: Was ist Dein Lebensziel? Wofür tust Du all das, was Du tust? Wo möchtest Du hin? Nicht erst am Ende des Lebens, sondern in den einzelnen Etappen, die Du Dir selbst steckst?

Wenn Du diese Frage nicht sofort beantworten kannst, keine Angst! Genau daran werden wir gemeinsam in den folgenden Kapiteln arbeiten, denn wie ich bereits in der vorangegangenen Geschichte „Highway durch die Wüste" erläutert habe, brauchst Du ein Ziel und den klaren Fokus darauf.

Wenn Du Dein Ziel, Deine Position, in aller Ausführlichkeit kennst, wirst Du allein dadurch massiv belohnt werden. Alle Entscheidungsfragen werden viel einfacher.

Du erkennst plötzlich Möglichkeiten, die Du vorher gar nicht wahrgenommen hättest, und es werden sich Momente und Dinge zutragen, die Dir und Deiner Zielerreichung in die Karten spielen.

Warum das so ist?

Das ist relativ simpel zu erklären:

Wer sein Ziel kennt, handelt anders. Denn durch das klare Bewusstsein über Dein Ziel, also den Ort, an den Du willst, bist Du immer in der Lage, einfache Entscheidungen zu treffen. Ich mache hier aus den Gründen, die ich eingangs erläutert habe, bewusst keine Trennung zwischen beruflich und privat, d. h. zu wissen, wo Du in Deinem Leben hinwillst, ganzheitlich – beruflich wie auch privat – erleichtert Dir jede Entscheidung.

wichtige Frage

WAS IST DEIN (LEBENS-)ZIEL?

Indem Du Dein Ziel kennst, bist Du zu jedem Zeitpunkt in der Lage, eine Entscheidung allein durch diese eine Fragestellung sofort zu treffen:

> » *Bringt mich diese Entscheidung meinem Ziel in irgendeiner Form näher?*

Du glaubst gar nicht, wie mächtig diese Frage und die daraus resultierenden Entscheidungen und Handlungen sein können, wenn Du sie tatsächlich mit aller Konsequenz durchziehst.

STORY: DER ÄNGSTLICHE JÄGER

Vor einiger Zeit stand ich vor der Chance, einen großen Kunden für meine Agentur zu gewinnen; ein Unternehmen, das ich immer sehr bewundert hatte und das ich als absoluten TRAUMKUNDEN bezeichnete. Ich hatte mich nie wirklich um eine Zusammenarbeit bemüht, da wir stets gut ausgelastet waren und ich mir damals offen gestanden immer gesagt hatte: „Wenn mal Zeit ist, dann gehe ich hier in die Akquise." Die Zeit war natürlich nie vorhanden.

Was auch für ein Irrglaube. ;-)

Einige Jahre vergingen. In diesen Jahren hatte ich meine gesamte Unternehmensstruktur neu und ganz anders ausgerichtet und auch ich persönlich hatte mich neu orientiert und stark weiterentwickelt.

Eines Morgens erreichte mich eine E-Mail mit der Anfrage und Bitte um eine Zusammenarbeit von genau diesem Unternehmen. Im ersten Moment war ich völlig aus dem Häuschen, ich freute mich! Schließlich war es die Firma, die ich viele Jahre als meinen absoluten TRAUMKUNDEN angesehen hatte und von dem ich wusste, dass diese Zusammenarbeit meiner Agentur damals einen entscheidenden Vorsprung bringen würde.

Doch … die Dinge hatten sich geändert.

WAS IST DEIN (LEBENS-)ZIEL?

Und als sich meine erste Euphorie gelegt hatte, stellte ich mir die Frage: „Bringt mich diese Zusammenarbeit meinem heutigen Ziel näher?" Die Antwort war: „Nein". Ganz klar: „Nein".

Denn diese Zusammenarbeit, die ich mir einst so sehr gewünscht hatte, war auf meine alten Firmenstrukturen ausgerichtet und für mich zum Zeitpunkt der Anfrage absolut unattraktiv.

Es war ein Traumkunde zu einer Zeit, in der ich noch das klassische Agenturbusiness verfolgte. Und damit meine ich: ein Büro mit vielen Mitarbeitern, einen 9-to-5-Arbeitstag, 5 Tage die Woche mit Support am Wochenende.

Es war die Unternehmensstruktur, aus der ich mich gelöst hatte, und obwohl die Zusammenarbeit mit diesem Kunden mir zwar auch heute sicher einen hohen und kalkulierbaren Gewinn eingebracht hätte, so wurde mir bewusst, dass das nicht mehr mein Weg war und dass ich mich, wenn ich mich für diesen Kunden und eine Zusammenarbeit entschieden hätte, im Grunde wieder in meine alten Strukturen begeben und damit eher einen Schritt zurück als nach vorne gemacht hätte.

Zudem hätte ich einen meiner wichtigsten Werte aufgegeben: Freiheit. Ich entschied mich also gegen den Kunden und dies gelang mir nur dadurch, dass ich ganz klar wusste, dass dieser Weg mich meinem Ziel kein Stück näher gebracht hätte. Ich bin heute sogar davon überzeugt: Wenn Du Dein Ziel nicht kennst, können Deine Entscheidungen ehrlichen Schaden anrichten, nicht nur zwangsläufig für Dich, sondern auch für andere.

Bereits an diesem kurzen Beispiel siehst Du, welche enormen Auswirkungen es hat, Dein Ziel bewusst zu kennen und wie stark es Dein Leben und Deine Richtung beeinflusst, wenn Du Dich konsequent daran hältst.

Es hilft Dir den Fokus zu bewahren – in jeder Entscheidung und in nahezu jeder Situation. Und es gibt noch einen positiven Nebeneffekt: Hast Du je eine Entscheidung getroffen, die Du angezweifelt hast? Ich bin mir sicher, dass es eine solche Situation in Deinem Leben gab. Mithilfe eines klaren Zielbewusstseins trickst Du Dich im Endeffekt sogar selbst aus. Denn ab heute kannst Du keine „falsche Entscheidung" mehr treffen, wenn Du Dich immer für Dein Ziel entscheidest.

WAS IST DEIN (LEBENS-)ZIEL?

Wenn Du Dich für Dein Ziel entscheidest, egal was im Folgenden passiert, dann kannst Du Dir ganz bewusst sagen:

„Ich habe dies aus bestem Gewissen und Willen getan. Denn ich habe mich für mein Ziel entschieden."

Natürlich sind moralisch und ethisch fragwürdige Situationen ausgenommen! D. h. es gibt ab sofort keinen Grund mehr, eine Entscheidung, nachdem sie gefallen ist, anzuzweifeln! Denn Du hast sie für Dein Ziel getroffen!!!

Du merkst sicher schon, das erfordert ein bisschen Übung und ganz besonderen Fokus und Konsequenz. Doch genau das kannst Du ganz leicht trainieren! Denn die meisten Entscheidungen in unserem Leben sind gar nicht so groß, dass sie massiv unser Leben verändern.

Fang im Kleinen an!

Eine Übung dazu gebe ich Dir im Kapitel „Trainiere Deinen Entscheidungsmuskel" mit. Die Grundvoraussetzung beginnt damit, dass Du Dein Ziel oder gar Deine Ziele ganz genau kennst!

KAPITEL 16

WAHRNEHMUNGSSCHÄRFE

„Wir sehen, was wir sehen wollen. Dein sichtbares
Paradies erschaffst Du einzig in Dir."

Stephy Beck

Lies dieses Kapitel bitte unbedingt zu Ende, auch wenn Du beim ersten Satz vielleicht schon denkst, dass Du die Lehre daraus bereits kennen würdest.

Ist Dir schon einmal aufgefallen, dass Dir, wenn Du weißt, was Du willst, also Dein Ziel kennst oder momentan bereits in der Umsetzung zur direkten Erreichung Deines Ziels bist, Dir genau diese Situation plötzlich viel häufiger als zuvor begegnet? Eines der meistgenannten Beispiele ist sicher das Autobeispiel.

Autokauf

Wer sich einen neuen Wagen kaufen möchte oder nach seinem Traumauto Ausschau hält, der sieht plötzlich überall genau diesen Wagen, den er so gerne hätte, meistens sogar noch in genau der präferierten Farbe.

Ein anderes, ganz verrücktes Beispiel begegnet uns beim Thema Schwangerschaft.

Schwangerschaft

Wenn eine Frau schwanger ist, sieht sie selbst ganz urplötzlich überall schwangere Frauen, Babyzeitschriften, Babysachen und auch ihrem Partner und anderen engen Familienmitgliedern oder Freunden wird es so ähnlich ergehen.

Luxusmarken

Dasselbe Phänomen kannst Du auch bei Luxusmarken beobachten. Wer sich für eine besonders hochpreisige Tasche oder ein Kleid einer namhaften Luxusmarke interessiert, der wird plötzlich durch die Stadt gehen und überall diese Marke, Tasche oder Kleider dieser Marke wahrnehmen.

WAHRNEHMUNGSSCHÄRFE

Hochzei:

Wer heiratet, hat das Gefühl, dass das plötzlich jeder tut, und er oder sie sieht fast bei jeder Gelegenheit, bei der er oder sie aus dem Haus geht, die Werbung einer anstehenden Hochzeitsmesse oder ein Brautmodegeschäft, an dem er schon 1000 Mal vorbeigegangen ist, und fragt sich plötzlich: „Wo kommt das denn her? War das schon immer da?"

Hausbau

Exakt dieselbe Situation tritt ebenfalls hier in Kraft. Wenn Du einen Hausbau planst oder bereits mitten in der Umsetzung steckst, beginnst Du Dich plötzlich für das Beileger-Heftchen in der Tageszeitung zu interessieren und gefühlt kommt es Dir so vor, als hätte der Hausbau-Boom eine neue Hochphase erreicht.

Ich könnte nun noch unzählige weitere Beispiele aufzählen, aber ich glaube, Du kannst selbst sehr gut nachempfinden, was ich meine, und wahrscheinlich fällt Dir sogar sofort eine Situation ein, in der Du etwas Ähnliches erlebt hast.

Deine Wahrnehmung ändert sich schlichtweg dadurch, dass Du Dir Dein Ziel bewusst machst. Es ist, als würdest Du Deine Wahrnehmung und auch Deine Aufmerksamkeit darauf programmieren. Ja, ich würde sogar behaupten, dadurch trainierst Du permanent Deine Wahrnehmung und richtest Deinen Fokus auf das Ziel, das Du erreichen willst.

Es gibt das Sprichwort: „Aus den Augen, aus dem Sinn!" Indem wir unser Unterbewusstsein permanent mit den Dingen konfrontieren, die wir gerne hätten, verändern wir langfristig unsere Gedanken fast automatisch.

Wir denken anders, strahlen etwas anderes aus und sind viel offener für Themen, die uns vielleicht vorher nicht interessiert haben und die wir deshalb nicht wahrgenommen haben.

Das Paradoxe ist: Die Welt hat sich nicht plötzlich geändert, nur weil wir endlich wissen, was unser Ziel ist, und doch fühlt es sich genauso für DICH an.

In der Tatsache ist es aber nicht so.

Tatsächlich bzw. in der Realität waren die Gegebenheiten schon die ganze Zeit so. Es fahren nicht plötzlich mehr Autos durch Deine Stadt, weil Du Deine Gedanken geändert hast.

Es bauen nicht mehr Menschen Häuser, weil Du beginnst, an „Hausbau" zu denken und erst recht heiraten oder werden deshalb nicht mehr Menschen ganz urplötzlich schwanger.

Nein!

Die Gegebenheiten waren und sind bereits die ganze Zeit genau dieselben, nur warst Du nicht bereit, sie zu erkennen, sie wahrzunehmen und sie aktiv zu Deinen Gunsten zu nutzen.

„Ändere Deine Gedanken und Du änderst Deine Welt!" Und das bringt es auf den Punkt.

Du siehst, dieses Kapitel ist mir enorm wichtig, denn allein diese Umsetzung kann tatsächlich Dein Leben verändern.

Du wirst neue Menschen, neue Möglichkeiten, andere Gespräche und völlig verrückte Chancen in Dein Leben ziehen.

Und das Beste: Es funktioniert immer und zu jeder Zeit!

Denn noch einmal: Tatsächlich ändert sich die Realität, also das, was sich tatsächlich in der Welt abspielt, nicht. Das heißt, wenn Du Dir dessen bewusst wirst – und das ist nun ein gewagter Gedanke–, dass Du jedes Ziel, das Du je hattest und das Du bisher erreicht hast, bereits früher erreichen hättest können, wenn sich Deine Einstellung und Deine Gedanken in diese Richtung fokussiert hätten, wird Dir klar, wie grenzenlos diese Umsetzung ist.

Übrigens, wer sagt: „Ach von dem Business gibt es schon genug Anbieter auf dem Markt oder das machen zu viele, ich lass es lieber bleiben", der versteht noch nicht ganz, was ich meine.

Wenn Du ein 100%-iges Commitment aus Deinem Hirn und Herzen hast, heißt das, was Du tust, wofür Du stehst, mit absoluter Überzeugung, Begeisterung und Leidenschaft tust. Du stehst voll und ganz und mit jeder Faser Deines Körpers hinter Deinen Handlungen. Wenn das der Fall ist, spielt es keine Rolle, dass es Deine Business-(Idee) vermeidlich bereits gibt, denn Deine Begeisterung, Deine Überzeugung, Deine Leidenschaft formen Deine Gedanken und Deine Gedanken ändern zwar nicht die Tatsache, aber sie ändern Deine Art und Weise zu handeln. Durch diese Veränderung werden sich neue Möglichkeiten auftun, die dann tatsächlich Deine Realität ändern.

Genau das macht die Veränderung und letztlich den Unterschied aus.

KAPITEL 17

ZIELSCHÄRFUNG

„Wer seine Werte nicht kennt, folgt denen,
die Sie offen kundtun. Ein Mensch ohne
Werte gewinnt nie die Herzen der Massen."

Stephy Beck

Ich hoffe, ich konnte Dir mit den letzten Kapiteln bewusst machen, welche enormen Chancen in der jetzt folgenden Umsetzung liegen. Vorab: Wiederhole diese Umsetzungsübung regelmäßig und oft. Es gibt keine Grenzen!

Sicher gibt es den einen oder anderen Leser, der sagt: „Ich kenne mein Ziel schon ganz genau!" Wenn das auf Dich zutrifft, lies diese Kapitel bitte dennoch, denn ich erlebe es oft, dass es trotzdem einen Unterschied macht, wie man mit seinem Ziel umgeht, seine Zieldefinition ausführt oder trainiert. Sieh dies als ein Training oder eine Zielüberprüfung.

Für diejenigen, die nun sagen: „Puuh ja, wenn ich ehrlich bin, weiß ich gar nicht sooo genau, was ich eigentlich wirklich will." Dann bist Du hier genau richtig. Keine Sorge, wir gehen in den nächsten Umsetzungsübungen alles ganz einfach Schritt für Schritt durch, sodass Du am Ende dieses Kapitels eine sehr klare Vorstellung von Deinem persönlichen Lebensbild hast.

Das ist unser Ziel für dieses Kapitel. :-)

Noch ein wichtiger Hinweis zu dieser Umsetzung. Sie wird für jeden Menschen völlig unterschiedlich ausfallen. Es gibt kein Leben zweimal und genauso verhält es sich auch mit Deiner Vorstellung dazu.

Ein kleiner Tipp noch am Rande: Mach die folgenden Übungen unbedingt für Dich allein. Lass Dich nicht beeinflussen von dem, was andere sagen oder schreiben, sondern sei einfach ganz bei dir. Ich werde Dir hin und wieder einige Beispiele oder Geschichten mitgeben. Lies sie wertfrei und versuch nicht ein Abbild von dem zu kreieren, was ich Dir mit der ein oder anderen Geschichte mit auf den Weg gebe.

Es ist schließlich Dein Leben und Dein Lebensbild, das Du hier aufschreibst und nur Du allein kannst und solltest darüber entscheiden, wie dieses aussieht.

Haste Dich nicht!

Nimm Dir genügend Zeit und im Idealfall bearbeitest Du die Aufgaben und liest sie Dir am nächsten und übernächsten Tag durch. Es gibt keinen Grund, sich durch dieses Buch oder durch diese Übungen zu hetzen, denn letztlich legst Du hier den Grundstein, das Fundament für Deine Zukunft.

Und jeder weiß: Nur mithilfe eines guten Fundaments kannst Du hoch bauen! Nur mit einem guten Fundament kannst Du sicher wachsen!

Übung: Deine persönlichen Werte

Es gibt einen Trick, wie Du findest, was Du im Leben suchst. Und es mag vielleicht ganz anders beginnen, als Du nun gedacht hättest.

Unglück und Unzufriedenheit im Leben entstehen immer dann, wenn Menschen an ihren persönlichen Werten vorbeileben! Es geht also in erster Linie nicht darum, welchen Sportwagen Du fahren willst, welches wunderbare Haus Du eines Tages besitzen möchtest oder wie viel Geld Du in den nächsten 10 Jahren verdienst.

Es geht um Deine Persönlichkeit! Wenn Du Deinen Lebensplan planst, geht es um Dein Leben, anders gesagt, um die Erfüllung Deiner persönlichen Werte!

Unsere persönlichen Werte beeinflussen maßgeblich unsere Entscheidungen, unsere Handlungen und unsere Zielvorstellungen und damit im Umkehrschluss natürlich auch unser Denken, also unsere Gedanken.

Ganz einfach gesagt, sind Deine persönlichen Werte Überzeugungen oder Eigenschaften, die Du als gut, richtig oder erstrebenswert erachtest. Es sind Eigenschaften, die in unserem Handeln und im Umgang mit anderen oder mit einer Sache wichtig sind.

Wenn Du diese ignorierst, „stumpfst" Du irgendwann ab – nicht sofort, aber mit der Zeit. Dir werden die Dinge gleichgültig und Du verlierst den Bezug zu dem, was Dich eigentlich ausmacht, zu Deinen Überzeugungen und zu dem, woran Du glaubst oder worauf Du im Leben vertraust.

Wenn Du gegen Deine Werte arbeitest, gibst Du sogar das Vertrauen in Dich auf und belügst Dich selbst. Das klingt hart, aber die Konsequenz ist mindestens genauso bitter.

Gegen unsere Werte zu handeln oder in eine Situation der Gleichgültigkeit oder der absoluten Orientierungslosigkeit zu gelangen, führt dazu, dass wir uns innerlich abkapseln.

Genau dieser Zustand macht uns ganz schleichend unausweichlich unglücklich und führt dazu, dass wir uns und unsere Träume, Wünsche und Ziele, die wir irgendwann einmal hatten, schließlich ganz aufgeben.

Denn …
- » *ohne Werte haben wir keine Überzeugungen,*
- » *ohne Überzeugung können wir uns nie für etwas begeistern,*
- » *ohne Begeisterung und Enthusiasmus können wir keinen Sinn finden*
- » *und ohne Sinn ist es schlichtweg nicht möglich, einen Lebensplan zu kreieren.*

Ohne Werte leben wir immer den Kompromiss oder (und das ist sehr hart) vegetieren in einem sinnfreien Leben vor uns hin.

Denn nochmal: Unsere Werte sind unsere Überzeugungen und nur für unsere Überzeugungen sind wir bereit, zu handeln und auch zu kämpfen – nicht im Sinne von Krieg, sondern im Sinne des Strebens nach unserem Ziel! Tatsächlich trifft das zwar auch auf Kriege zu, aber darum geht es hier nicht.

Unsere Überzeugungen führen dazu, dass wir überhaupt begeistert sein können und unsere Überzeugung ermöglicht es, fokussiert an etwas dranbleiben zu können und das auch zu tun.

Lebst Du hingegen nach den Werten und Vorstellungen einer anderen Person, nimmst Du Dich nicht selbst ernst oder passt Dich einfach Deinem Umfeld an, ohne ein eigenes Wertebewusstsein zu haben, ist das fatal.

Denn im Grunde hat jeder Mensch Werte, nicht allen sind sie offensichtlich bewusst, aber sie sind dennoch vorhanden.

Bist Du Dir also Deiner Werte nicht bewusst oder lebst gar GEGEN Deine Werte, so gibst Du damit im Endeffekt Dich selbst auf.

Leider passiert das ganz oft im Zusammenhang mit Menschen, die wir lieben oder sehr gerne haben ... Wir Menschen haben dann oft den Drang, uns den Werten oder Überzeugungen unseres Umfelds anzupassen und zwar einfach so, ohne darüber nachzudenken oder diese für uns selbst zu hinterfragen.

Dies gilt für alle egal, ob dies Dein Vorgesetzter, Deine Familie oder Dein Partner ist, den Du liebst und dem Du es eigentlich nur recht machen möchtest ...

Oft passen wir uns den Werten anderer auch aus dem Grund an, weil sie unser Umfeld sind und unser Umfeld unsere Gewohnheiten und letztlich auch unser Denken prägt.

Für viele Menschen ist das der logischste und oft der einfachste Weg, erst recht dann, wenn man sich selbst seiner Werte gar nicht bewusst ist oder sogar glaubt, man habe keine.

Um das zu verdeutlichen, möchte ich Dir eine kurze Geschichte einer Klientin erzählen, die ich bis heute betreue. Nennen wir sie hier einfach einmal Sandra.

STORY: DIE TOCHTER, DIE ‚NIE GENUG' WAR ...

Sandra kam vor zwei Jahren zu mir; damals mit dem Anliegen, dass ihre Karriere irgendwie plötzlich nicht mehr so lief, wie sie sich das vorgestellt hatte ...

Seit 8 Jahren arbeitete sie nun bereits in einem internationalen Konzern und zwar genau in dem, in dem sie damals auch ihre berufliche Laufbahn begonnen hatte. Sie war treu, fleißig und wurde auf ihren Wunsch hin weltweit eingesetzt. Sandra kam in den letzten Jahren in den Genuss in Deutschland, Japan und den USA zu leben, zu arbeiten und gutes Geld zu verdienen. Sie berichtete mir von den guten Zeiten im Ausland und schwärmte von ihrem Job in New York, von ihrem Lieblingscafé in der 5. Straße und ihrem Tanzkurs am Broadway.

Sie erzählte mir von japanischem Essen, der Kultur, der völlig anderen Art zu leben und zu denken und von den vielen Festen, die so gar nicht europäisch seien.

Sandra schwelgte in Erinnerungen, und ich fragte sie, was passiert sei, dass sie sich nun hier mit mir im Gespräch befinde.

Allein die Frage schien ihr den Boden unter den Füßen zu nehmen. Ganz plötzlich wurde sie ernst, irgendwie auch unsicher und ihre Begeisterung verschwand schlagartig aus allen Worten, die über ihre Lippen kamen.

„Weißt Du, Stephy … ich denke, ich wäre nicht hier, wenn ich wüsste, was genau passiert ist …"

Sie hielt an und machte in ihrem Satz eine kurze Pause.

Ich verstand, dass es ihr schwer fiel, was sie gerade zu sagen versuchte, und trotzdem musste ich es hören. Ich lies ihr die Zeit, die sie brauchte, und nach einigen Minuten, in denen sie sich wieder gefangen hatte, sprach sie ein klares Wort.

„Ich bin eine starke Frau. Ich habe in Japan gelebt, 2 Jahre, kaum der Sprache mächtig und erst recht nicht der Kultur. Ich habe in den USA gelebt. In New York, die Stadt, die niemals schläft … das heißt, wenn Du nicht wachsam bist, ist Deine Position schnell Vergangenheit. Ich bin eine Kämpferin. Ich habe gelernt zu kämpfen.

Im Leben habe ich immer alles erreicht. Alles, was ich mir als Ziel gesetzt hatte, habe ich mir erarbeitet und schließlich bekommen. Ich gewinne immer, Stephy. Zumindest dann, wenn es einen offensichtlichen Kampf gibt. Oder ich drücke es anders aus: Wenn ich etwas gewinnen kann!"

Ein gequältes Lachen flog über ihre Lippen.

„Ich bin mutig, ich bin stark, ich bin eine Kriegerin. Ich lass mich durch nichts und niemanden von meinem Weg abbringen und ich weiß, dass ich alles im Leben schaffe."

Sie machte wieder eine Pause.

Dieses Mal eine lange. Sie wandte ihren Blick nicht zu mir. Zu keinem Zeitpunkt. Sie blickte demütig auf den Boden, auf ihre magentafarbenen Gucci-Schuhe und die goldene Schnalle.

„Ich weiß nicht, was passiert ist. Deshalb bin ich hier. Ich habe das Gefühl, dass ich mich irgendwo in den letzten Jahren verloren habe … Ich weiß nicht, wann es passiert ist. Aber es fühlt sich so an, als würde mir die Luft zum Atmen fehlen. Alles, was mich irgendwann einmal ehrlich begeistert hat – und das glaub ich wirklich – es begeistert mich nicht mehr. Ich habe es versucht! Ich bin an die Orte gereist, in die Restaurants gegangen, habe die Aktivitäten versucht zu reproduzieren … Aber NICHTS. Es passiert einfach nichts. Es macht nichts mit mir. Es enttäuscht mich eher, als dass es mich begeistert.

Manchmal glaube ich, ich kann das nicht mehr. Begeistert sein. Ich komme mir so bescheuert vor." Wir beide schwiegen.

Dann begann sie weiterzuerzählen:

„Neulich beispielsweise … Ich habe mal einige Zeit in Hamburg gelebt. Damals bin ich gerne am Hafen spazieren gegangen und habe in einem der Cafés an der Elbe einen Cappuccino getrunken und den Tag mit dem Blick aufs Meer ausklingen lassen …

Wenn es etwas zu feiern gab, bin ich öfter in die Skybar gegangen und habe mir ein, manchmal auch zwei oder drei Gläschen Champagner gegönnt. Je nachdem, wie ich drauf war."

Sie schmunzelte wieder.

„Als ich neulich dort war, war ich wieder am Hafen spazieren, bin wieder in das Café gegangen … Doch als ich dort war, war da nichts. Es war keine Emotion da. Im Gegenteil … ich habe mich gefragt, was für ein verrücktes Spiel ich hier spiele, kam mir ziemlich lächerlich vor und bin ohne meinen Cappuccino auszutrinken schnell wieder gegangen … Im Taxi ist es mir dann aufgefallen. Mir ist aufgefallen, dass es etwas war, das mich früher wirklich erfüllt hat und das ganz plötzlich weg ist, und ich habe mich gefragt, wann ich das letzte Mal aus ehrlichem Herzen glücklich war.

Ich weiß es nicht. Erst am Abend, als ich im Bett nicht einschlafen konnte, meine Gedanken, mein ganzes bisheriges Leben irgendwie Revue passieren ließ, erst da fiel mir auf, dass es lange her gewesen ist, dass ich lauthals gelacht habe, dass ich mich „frei" und ungezwungen fühlte. Es ist viel passiert seitdem. Viel Gutes, manches Schlechtes.

Aber für mich fühlt es sich so an, als würde irgendetwas mit MIR nicht stimmen. Ich erkenne mich nicht mehr wieder." Es war ein langes Gespräch und Sandra redete an diesem Tag fast 3,5 Stunden ununterbrochen.

Als sie scheinbar alles gesagt hatte, fragte ich sie die entscheidende Frage: „Sandra, was wünschst Du dir? Was erwartest Du von Deinem Leben?" Offensichtlich hatte sie mit allem gerechnet, nur nicht damit. Sie starrte mich an. Ihr Mund zog sich zusammen, dann entspannte er sich wieder und sie biss sich leicht auf die Unterlippe.

Sie fasste sich ans rechte Ohrläppchen und ich ahnte, dass das eine Art „Beruhigung" für sie war. Für uns beide war es ein ganz komischer Moment. Einer, der alles darüber entscheidet, wie weit sie sich mir öffnen würde oder ob das meine letzte Frage sein sollte.

Den Ausgang der Geschichte kennst Du bereits. Es war nicht meine letzte Frage an Sandra – nicht an diesem Tag und auch nicht in den darauffolgenden Jahren. Sie entgegnet mir: „Nun, ich hatte wirklich mit allem gerechnet, aber nach allem, was ich Dir jetzt gesagt habe, stellst Du mir ernsthaft diese billige Frage?"

Ich hatte sie verletzt. Das wurde mir genau in diesem Moment bewusst. Ich nahm die Frage zurück, denn ich wusste – sie hatte keine Antwort auf diese „billige" Frage. Wir machten eine kurze Pause und ich nahm einen neuen Anlauf. Mittlerweile hatte ich Sandra kennengelernt und ich wusste, wie man mit ihr als Mensch umgehen musste.

Ich fragte sie daher Folgendes: „Sandra, wenn Du Dein Leben und besonders die letzten 8 Monate, in denen sich – ich nenne es mal Dein „unzufriedener" Zustand – nach und nach eher verschlechtert statt verbessert hat, was ist heute anders als vor 8 Monaten?"

Sie überlegte. „Naja, ich bin aus New York nach Mannheim gezogen, habe mir hier mein neues Leben aufgebaut. Neue Freunde gesucht, mich in einer neuen Yoga-Gruppe angemeldet und ja … im Job ist es im Prinzip dasselbe, was ich in New York auch gemacht habe. Nur eben jetzt auf Deutsch statt auf Englisch."

Ich fragte sie: „Sandra, warum machst Du das, was Du machst?"

Sie antwortete sofort: „Naja, also das ist eine kuriose Frage, aber im Endeffekt, weil ich mich nach dem Studium dazu entschieden habe."

Ich fragte sie weiter: „Warum hast Du damals dieses Unternehmen ausgewählt und welche Optionen hattest Du noch?"

Sie erzählte mir von 5 Bewerbungen, die sie damals geschrieben hatte. Eine ging an ein Kunstatelier in London, eine andere an ein Auktionshaus in Wien, zwei an internationale Unternehmensberatungen und eine weitere an ein Opernhaus.

Ich war verwundert. 3 Bewerbungen sprachen für ein künstlerisches Interesse, 2 für ein zahlengetriebenes Business. Sie wandte ein, dass sie kaum Bewerbungen habe schreiben müssen, da sie einen ziemlich guten Abschluss gehabt habe und sie ohnehin viel Jobangebote quasi ‚einfach so' bekommen habe.

Ich wusste, dass sie letzlich bei einer der Unternehmensberatungen angefangen hatte und ich fragte sie, wie es dazu gekommen sei und was dazu geführt habe, dass sie schlussendlich genau für dieses Unternehmen tätig geworden sei, für das sie bis heute immer noch tätig ist. Scheinbar hatte sie über diese Frage nie nachgedacht … Sie hielt kurz die Luft an.

Dann sagte sie zaghaft: „Naja, weil sie mir die besten Chancen boten…" In all ihren Aussagen war sie bisher stets sehr klar, eindeutig und vor allem mit starker Stimme aufgetreten.

ZIELSCHÄRFUNG

Doch nicht bei dieser … Ich bohrte daher weiter: „Woher wusstest Du, dass dieses Unternehmen Dir die besten Chancen bietet?" Sie erzählte mir von ihrem Vater, einem erfolgreichen Geschäftsmann: weit gereist, sprachgewandt. Sie beschrieb ihn als einen „Mann von Anstand, Wohlstand und Welt."

Sie redete von ihrem Vater ehrfürchtig, nicht wirklich liebevoll, sondern eher bewundernd. Sie erzählte mir, dass ihr Vater es damals gewesen sei, der ihr geraten habe, den Job in der Unternehmensberatung anzunehmen und dass sie diesem Rat gefolgt sei. Und da war es: Plötzlich fiel es ihr wie Schuppen von den Augen.

Die letzten Jahre hatte sie nicht nach ihren eigenen Überzeugungen gehandelt, sondern nach denen, die ihr Vater vertrat. Sie wollte ihrem Vater gefallen, nicht bewusst, denn das alles passiert ziemlich passiv, aber aus der Angst heraus, in den Augen ihres Vaters etwas „falsch" zu machen, war sie blind seinem Rat gefolgt. Anfangs hatte sie dies mit voller Begeisterung getan, denn Sandra war ein wissbegieriger Mensch. Sie liebte es, Neues zu lernen, zu entdecken und sich selbst herauszufordern, doch irgendwann war auch das Neue nicht mehr neu. Sie suchte die Flucht in die weite Welt! Und obwohl sie ihren Vater von Herzen liebte, so spürte sie, dass sie sich irgendwie lösen musste.

In New York und Japan war sie glücklich – nicht vollkommen, aber glücklicher als heute. Erst als sie nach Deutschland zurückkehrte und wieder unter dem direkten Einfluss und Druck ihres Vaters stand, stellte sich der Zustand der „verlorenen Hilflosigkeit" ein und nahm seinen Lauf bzw. seine Konsequenzen.

Sandra hat nie nach ihren eigenen Überzeugungen und Interessen gehandelt und dabei verlernt, was sie wirklich glücklich macht. Darauf bedacht, es ihrem Vater recht machen zu wollen, büßte sie ihr eigenes Glück ein. Es ist niemals zu spät, das zu ändern, wichtig aber ist, dass Du es erkennst.

Sandra erkannte es nach meinen vielen Fragen und nach der einen entscheidenden Frage, was ihre Überzeugungen sind, was sie einst begeisterte und warum sie heute das tut, was sie eben tut.

ZIELSCHÄRFUNG

Wenn Du Dich in dieser Geschichte wiederfindest, geht es Dir wie einer Vielzahl von Menschen. ==Tatsächlich leben unglaublich viele Menschen nach den Werten und Vorstellungen anderer.== Das müssen nicht zwangsläufig die Werte des Vaters oder der Mutter sein, die Handlungen können sich auch nach gesellschaftlicher Anerkennung oder nach Deinem Freundeskreis richten.

Ein Grund, der sich ganz unterbewusst abspielt, kann sein, dass wir gefallen wollen, dass wir gesellschaftlich alles richtig oder gar vorbildlich machen möchten oder dass Du Deinem Umfeld, den Menschen, die Du liebst, nicht zur Last fallen möchtest oder innerlich danach strebst, dass diese stolz auf Dich sind: z.B. Dein Partner, Deine Eltern oder eine andere wirklich starke Bezugsperson.

Meist passiert das völlig unbewusst. Und weil wir früh Entscheidungen treffen müssen, besonders über unseren beruflichen Werdegang, entscheiden wir uns zu einem Zeitpunkt für einen Weg, obwohl die meisten sich nie mit ihren Werten oder eigenen Überzeugungen auseinandergesetzt haben.

Wir folgen also aus Leichtsinn, Unwissenheit und Naivität – also weil wir es einfach schlichtweg nicht besser wissen (!) – dem, was unser Umfeld oder starke Bezugspersonen uns raten.

Wir folgen damit nicht unseren eigenen Überzeugungen und Werten, sondern denen, der Menschen, denen wir vertrauen und die wir lieben. Oft spielen in diesem Zusammenhang auch die Erziehung und die Ereignisse und Menschen, die uns im frühen Kindes- und Jugendalter begleitet haben, eine entscheidende Rolle.

Denn diese Menschen und ihre Überzeugungen in unserem direkten Umfeld sind es, die uns prägen und unterbewusst beeinflussen. An was sie glauben und wovon sie überzeugt sind, muss nicht zwangsläufig für Dich richtig sein.

Werte sind wertfrei und für jeden Menschen persönlich und ganz individuell.

An was ich glaube, welche Überzeugungen und Ansichten ich habe, muss nicht mit dem übereinstimmen, was Du vertrittst. Niemand sagt, was richtig und falsch ist. Du entscheidest einzig und allein, was für DICH richtig und falsch ist.

In der Geschichte von Sandra ist sie den Überzeugungen ihres Vaters gefolgt. Er vertrat die Ansicht, dass Erfolg im Leben etwas mit einer Position im Job zu tun habe und koppelte Erfolg an ein überdurchschnittlich gutes Gehalt!

In seinen Augen also sollte seine intelligente Tochter einen Weg einschlagen, der ihr eine hohe Position im Job bringen kann und ihr einen guten Verdienst ermöglicht. Sein Interesse und seine Vorstellung von einem guten Leben koppelten sich stark an beruflichen Status und finanziellen Wohlstand. Nur wer das erreichte, war in seinen Augen erfolgreich.

Aus dieser Überzeugung, seiner Überzeugung, die nicht Sandras Überzeugung war (!), riet er ihr damals, den Weg in die Unternehmensberatung einzuschlagen. Nicht weil er ihr etwas Schlechtes wollte, sondern weil das in seinen Augen und nach seinen Werten das Beste für seine Tochter war.

Es war ihm zufolge nicht nur das Beste, vielmehr war es der einzige Weg, der sie, seiner Meinung nach, zu einem erfolgreichen Leben bringen konnte.

Sandras Vater hatte es nicht böse gemeint – im Gegenteil, in seiner Wahrnehmung, in seiner Welt, hatte er ihr den besten Weg empfohlen.

In seiner Wahrnehmung und nach seinen Werten! Seine Werte trafen aber nicht auf die Werte und die Überzeugungen zu, die Sandra in sich trug. Damals als Studentin, die sich für einen Job entscheiden musste, war ihr das allerdings nicht bewusst und aus Angst, eine falsche Entscheidung zu treffen, vom Vater abgelehnt zu werden und eben aus der ganz normalen Unsicherheit, die jeder von uns hat, wenn er einen neuen Lebensabschnitt beginnt, wählte sie daher den vermeintlich ‚sicheren Weg' – und zwar den, den ihr Vater, der schon viel mehr Erfahrung und in ihren Augen immer ein gutes Händchen gehabt hatte, ihr empfahl.

Mit den Jahren hatte sie diese Entscheidungssituation vergessen und diese nie wirklich hinterfragt. Schließlich lief es auch genauso, wie ihr Vater es prophezeit hatte. Er kannte die Schritte in der Geschäftswelt und unterstützte seine Tochter beim Erklimmen der Konzernpositionen.

Es lief also nach der Erwartungshaltung, die ihr Vater ihr mitgab, und aus diesem Grund gab es keinen Anlass, den Weg, den sie einst eingeschlagen hatte, erst einmal zu hinterfragen.

Die Jahre vergingen und die Euphorie ließ nach. Es kam der Alltag und das sich drehende Hamsterrad.

In den USA und Japan aber verspürte Sandra plötzlich diesen Drang nach mehr, denn sie war weit weg von ihrem Vater, der zu Hause in Deutschland starken Einfluss auf ihre berufliche Laufbahn genommen hatte. Im Ausland hingegen löste sie sich von dem, was ihr vorgegeben wurde, und sie musste zwangsläufig nach eigenen Überzeugungen, nach ihrer eigenen Meinung und unterbewusst nach ihren Werten, ihrem besten Gewissen handeln! Zum ersten Mal in ihrem Leben setzte sich Sandra unterbewusst mit dem auseinander, was sie wollte, an was sie glaubte und was sie begeisterte!!!

Konkret gesagt lebte Sandra hier zum ersten Mal IHR LEBEN, das sie glücklich machte, das sie erfüllte und dazu führte, dass sie wieder viele Museen besuchte, Kultur, Kunst und Design in New York aufsaugte und sich für einen Tanzkurs anmeldete.

Dinge, die banal klingen mögen, aber die sie in Deutschland, unter den Fittichen ihres Vaters, einfach nicht machte bzw. sich viel zu selten für sich entschied.

Als sie dann zurück in Deutschland war, hatte sie ihr „altes Leben" wieder zurück, nur dieses Mal hatte sie einen Vergleich. In New York lebte sie nach ihren Vorstellungen, in Deutschland nach denen ihres Vaters.

Das alles klingt jetzt ganz offensichtlich und ganz simpel, doch für die betroffene Person ist es schlichtweg „normal" und daher nicht ersichtlich.

Das hat auch nichts mit Deutschland zu tun, in ihrem Fall war es einfach die Nähe und Kontrolle ihres Vaters, die sie in ein Leben mit Überzeugungen und Werten drängte, die nicht ihre waren.

In unseren Gesprächen erkannte sie das und zum ersten Mal beschäftigte sie sich mit sich, mit ihrem Leben, mit ihren Überzeugungen, mit ihren Werten!

In all den Jahren hatte sie die Begeisterung verloren. Aber die Begeisterung war nie weg! Denn allein, als sie über ihre Zeit in New York erzählte, sprudelte sie nur so vor Begeisterung.

Die Begeisterung war immer da. Sie hat sich nur versteckt. Sie war in Ketten gelegt in einem Leben, das nicht ihrer Vorstellung entsprach.

Sandra begann mit genau dieser WERTE-Übung, die Du nun im Folgenden erfährst. Nimm Dir Zeit. Bearbeite diese Umsetzungsübung gründlich, am besten haarklein und ganz genau.

Wiederhole sie und lerne Dich dabei mit jedem Mal ein Stückchen besser kennen. Nur wer seine WERTE kennt, kennt den Schlüssel zu seiner Begeisterung. Eines ist mir abschließend noch ganz wichtig: Sandras Vater hat es zu keinem Zeitpunkt böse gemeint oder wollte ihr etwas Schlechtes. Er hat sie nicht dazu gezwungen, diesen Weg einzuschlagen und dabeizubleiben.

Sandra hat sich und ihre Überzeugungen im Leben nie hinterfragt. Sie hatte sie bis dato nie gefunden. Erst an dem Punkt, an dem sie sich verloren fühlte, an dem sie sich selbst fragte „Wo ist nur meine Begeisterung, mein Hunger aufs Leben hin?" – erst an diesem Punkt hat sie sich zum ersten Mal mit sich und ihrem Leben beschäftigt. Es sind Millionen Dinge, die dazu führen, dass wir so handeln, wie wir handeln, und das Allermeiste davon findet auf der unterbewussten Ebene statt. Was für Sandras Vater das perfekte Leben ist, muss es nicht zwangsläufig für Sandra sein.

Wenn Du dieses Kapitel aufmerksam gelesen hast, verstehst Du, dass es nicht immer der Vater, die Mutter oder ein enges Familienmitglied sein muss. Manchmal sind es sogar Menschen, die gar nicht mehr aktiv in unserem Leben sind, die uns aber so sehr geprägt haben, z. B. unser Umfeld, unser Chef, unsere Kollegen oder unsere Lebenspartner – wer auch immer es ist.

Oder ganz häufig ist es tatsächlich, wie in Sandras Fall, der Punkt, an dem wir uns als sehr junger Mensch, ohne unsere eigenen Werte zu kennen, für einen Beruf oder eine Laufbahn entscheiden.

Irgendwann kommen wir an den Punkt, an dem Gedanken und Sätze kommen, die ungefähr so lauten:

- » „Naja, jetzt bin ich schon so lange in diesem Beruf …"
- » „Ach hätte ich damals nur …"
- » „Ich bin zu alt …"
- » „Ich habe Angst …"
- » „Ich bin zu stolz …"

Was auch immer es bei Dir ist: Wenn Du Dich verloren fühlst, wenn Du nicht so richtig weißt, was Dein Weg, Dein Ziel oder ein Durchbruch ist, wenn Du viel gemacht hast, aber alles irgendwie nicht so richtig wurde, dann frag ich Dich: „Kennst Du jeden einzelnen Deiner Werte?" Ich wünsche Dir bei dieser Umsetzungsübung viel Spaß, maximalen Erfolg und freue mich auf die beste Version, die Du von Dir selbst kreierst.

PS: Die Menschen, die Dich wirklich lieben, wollen niemals, dass Du Dich aufgibst für Werte, die Du nicht vertrittst.

Wer Erfolg in seinem Leben haben möchte, der muss seine Werte kennen – ganz gleich, was „Erfolg" für Dich bedeutet. Deine Werte erleichtern Dir Deinen Lebensweg und jede kritische Entscheidungsfrage!

Mithilfe des folgenden Prozesses kannst Du herausfinden, was Dir im Leben wirklich wichtig ist. Diese Umsetzung und die daraus gewonnenen Erkenntnisse und das Bewusstsein sind entscheidende Schritte, um Dir Deine Werte – sowohl beruflich als auch privat zu verdeutlichen; sie sind ein wesentlicher Bestandteil für das weitere Vorgehen!

Es hilft Dir, nicht nur den richtigen Weg zu erkennen, sondern diesen auch einzuschlagen und konsequent und nachhaltig zu verfolgen. Werte helfen, Klarheit zu bekommen – und zwar in jeder Situation. Mit dieser Klarheit können wir uns deutlich einfacher und deutlich bewusster ausdrücken und tatsächlich viel schneller Chancen erkennen und Entscheidungen treffen. Dies wirst Du in den nachfolgenden Umsetzungsübungen bereits merken.

Nimm die Übung nicht auf die leichte Schulter, sie ist der Kern Deines Lebens! Und auch, wenn Du im jetzigen Moment noch zweifelst – Du wirst es sehen!

WICHTIG: Im Zusammenhang mit Deinen Werten sollten Dir die folgenden drei Regeln stets bewusst sein:

1. *Es gibt keine richtigen oder falschen Werte. Was richtig oder falsch ist, gilt jeweils nur für einzelne Menschen. Deine Werte gelten für Dich und meine Werte gelten ausschließlich für mich.*
2. *Nur weil ein Wert in Deiner Rangliste, also in Deiner Priorität, niedriger steht, solltest Du nicht denken, er habe keine Bedeutung.*
3. *Falls die Werte eines anderen Dir absolut inkorrekt erscheinen und dies Deiner Meinung nach sogar ein Vollidiot erkennen könnte, solltest Du Dir die erste Regel vor Augen führen.*

WICHTIG: Bitte bearbeite die folgende Übung unbedingt allein und in absoluter Ruhe und Gelassenheit – ohne Hektik!

Diese Übung hat das Ziel, Dir klar aufzuzeigen, auf was Du persönlich Wert legst, was Dir wichtig ist und welche Eigenschaften Du meiden solltest bzw. gegen die Du sogar eine regelrechte Abneigung hast.

Bitte lies Dir nun die Liste der Werte durch. Streiche oder markiere alle Werte, die Du sofort mit „JA" bestätigst und ergänze die Liste unbedingt, sofern Dir hier Werte fehlen oder einige Begrifflichkeiten direkt in den Sinn kommen! Hinterfrage Deine Handlung erst einmal nicht, sondern notiere Dir all Deine Gedanken dazu.

Es gibt keine Begrenzung oder Anzahl an Werten, schreib so viele Werte auf, bis Du der Meinung bist, dass Du nun wirklich absolut alles aufgeschrieben hast, was Dir zu 100% wichtig ist.

Achtung: Die hier genannte Werte-Liste ist ausschließlich ein Beispiel und nicht vollständig. Du solltest diese daher lediglich als Anhaltspunkt für Deine Umsetzungsübung sehen, die Du beliebig ergänzen kannst.

BEISPIELE: WERTE

Abenteuer	Gelassenheit	Schönheit
Anerkennung	Gemeinschaftsgefühl	Selbsterkenntnis
Anteilnahme	Gerechtigkeit	Selbstkontrolle
Aufrichtigkeit	Gesundheit	Sicherheit
Ausdauer	Glauben	Spaß
Authentizität	Glück	Spiritualität
Bescheidenheit	Harmonie	Stabilität
Besonderheit	Hilfsbereitschaft	Stärke
Bewusstsein	Humor	Tiefgründigkeit
Dankbarkeit	Innere Ruhe	Transparenz
Disziplin	Klarheit	Unvoreingenommenheit
Ehrlichkeit	Kommunikation	Verbundenheit
Engagement	Kreativität	Vertrauen
Freiheit	Leidenschaft	Vielfalt
Freundlichkeit	Liebe	Weisheit
Furchtlosigkeit	Mut	Wissen
Führungsqualität	Persönliches Wachstum	Wohlstand
Geborgenheit	Positives Denken	uvm.

ÜBUNG: MEINE WERTE

Aufrichtigkeit Verbundenheit
Anerkennung Vertrauen
Bewusstsein Wissen
Engagement Wohlstand
Freiheit
Freundlichkeit → zu mir & anderen
Gelassenheit → Geduld & in Ruhe
Gesundheit → auf mich achten
Glaube → an mich selbst
Glück → mein Lebensrad
Humor →
Klarheit → Coaching, Reflexion
Kreativität → eigene Produkte
Leidenschaft → alles was ich tue
Liebe
Mut
Persönl. Wachstum
Positives Denken
Spaß
Tiefgründigkeit

ZIELSCHÄRFUNG

Wenn Du diesen Prozess zum ersten Mal durchlaufen hast, so lies an dieser Stelle nicht weiter.

Ich weiß, Du bist neugierig und willst unbedingt zur nächste Umsetzungsübung springen, aber mein gut gemeinter Rat ist, eine Nacht darüber zu schlafen, alles Gedachte „sacken" zu lassen und morgen in aller Frische das heute Geschriebene zu bewerten.

Denn manche Dinge gewinnen nur an Bedeutung und Wert für uns, wenn wir ihnen Zeit geben.

Gib Dir Zeit.

ZIELSCHÄRFUNG

Lieber Leser, liebe Leserin,

wenn Du gestern wirklich nicht weitergemacht hast oder vielleicht sogar Deine Werte einige Tage beiseite gelegt hast, dann herzlichen Glückwunsch für die Geduld, die Dich geprüft hat. Prüfe nun nochmals Deine Werte und alles, was Du in den letzten Tagen durchdacht hast. Wenn Du zufrieden und glücklich mit dem Ergebnis bist, dann kommt hier jetzt Teil 2.

Alles in der Welt hat eine Gegenposition. So auch Deine Werte. Während Du bestimmte Werte auf der einen Seite energisch vertrittst, so wird es sicher auf der anderen Seite auch Dinge geben, die Du absolut nicht tolerieren kannst und die Deine sogenannten Anti- oder Gegen-Werte sind.

Diese spiegeln also genau das wider, was Du im Leben nicht willst. Das Verrückte ist, wir sprechen immer davon, dass wir uns ein klares Ziel ausmalen müssen, dass wir wissen müssen, wo wir hinwollen, dass wir positiv denken sollen etc., doch tatsächlich ist es mindestens genauso wichtig und ein entscheidender Teil Deiner Zieldefinition und der Beschreibung Deines Charakters und Deiner Persönlichkeit zu wissen, was Du nicht möchtest.

In dieser Übung geht es also genau darum. Führe dieselbe Übung, die Du bei Deinen Werten durchgeführt hast, nun auch bei Deinen Anti-Werten durch. Bitte lies Dir nun die Liste der Anti-Werte durch. Streiche oder markiere alle Anti-Werte, die Du sofort mit „JA" bestätigst und ergänze die Liste unbedingt, sofern Dir hier Anti-Werte fehlen oder Dir einige Begrifflichkeiten direkt in den Sinn kommen! Hinterfrage Deine Handlung erst einmal nicht, sondern notiere Dir all Deine Gedanken dazu.

Es gibt keine Begrenzung der Anzahl an Anti-Werten, schreib so viele Anti-Werte auf, bis Du der Meinung bist, dass Du nun wirklich absolut alles aufgeschrieben hast, was Dir zu 100% wichtig ist.

Achtung: Die hier genannte Anti-Wert-Liste ist ausschließlich ein Beispiel und nicht vollständig. Du solltest diese daher lediglich als Anhaltspunkt für Deine Umsetzungsübung sehen, die Du beliebig ergänzen kannst.

BEISPIELE: ANTI-WERTE

Abscheu	Ignoranz	Täuschung
Aggression	Isolation	Tod
Ängstlichkeit	Lautstärke	Unehrlichkeit
Armut	Misstrauen	Ungerechtigkeit
Arroganz	Negative Gedanken	Unmoral
Druck	Neid	Untreue
Eifersucht	Oberflächlichkeit	Verschleierung
Faulheit	Saumseligkeit	Zorn
Furcht	Schlechte Ernährung	Zwietracht
Gewohnheit	Schlechte Gesundheit	Zwietracht
Großspurigkeit	Schmerz	Zynismus
Hass	Sorgen	uvm.
Heuchelei	Stress	
Hysterie	Sturheit	

ÜBUNG: MEINE ANTI-WERTE

Armut
Arroganz
Druck
Eifersucht
Hass
Heuchelei
Ignoranz
Misstrauen
Negative Gedanken
Neid
Oberflächlichkeit
Sorgen
Stress
Sturheit
Untreue
Zorn

ZIELSCHÄRFUNG

....
....
....
....
....
....
....
....
....
....
....
....
....
....
....
....

Wenn Du diesen Prozess zum ersten Mal durchlaufen hast, so lies an dieser Stelle nicht weiter. Mach eine kurze Pause und blättere erst dann zum nächsten Punkt.

Wenn Du nun die Liste mit den Werten und Anti-Werten vor Dir hast, sortiere diese bitte nach der Wichtigkeit der einzelnen Werte für Dich persönlich und prüfe dabei bei jedem markierten Begriff:

„Was gibt mir dieser Anti-Wert? Warum befürworte oder lehne ich diesen Wert oder Anti-Wert so sehr ab oder eben nicht?

BEISPIEL: GLÜCK ALS WERT

Wenn Du zum Beispiel den Wert „Glück" eingekreist hast, dann frage Dich bitte: „Was gibt mir Glück? Wodurch bin ich glücklich? Was ruft bei mir das Gefühl >Glück< hervor?"

Schau, was Dir unmittelbar bei dieser Frage in den Sinn kommt. Wenn es z. B. so wie bei mir schlussendlich Freiheit ist, dann ist der Wert, den Du Dir notieren solltest, nicht Glück, sondern FREIHEIT.

Ich bin glücklich, wenn ich frei bin. Frei von Terminen, frei von Dingen und Aufgaben, die ich nicht tun möchte, frei von finanziellen Sorgen, frei von örtlichen Beschränkungen, frei von Sorgen und Krankheiten im Allgemeinen. Für mich ist Freiheit der Wert, der mich glücklich macht!

Wiederhole diese Übung nochmals bzw. schau sie Dir nach mehr als 24 Stunden unbedingt noch einmal an. Sofern Du damit immer noch zu 100% übereinstimmst: Herzlichen Glückwunsch, dann Du hast diese Umsetzung erfolgreich gemeistert. Solltest Du noch etwas ergänzen, verändern oder anders priorisieren wollen, tu das bitte und wiederhole die Übung nach mehr als 24 Stunden erneut.

Bitte prüfe auch, ob Deine persönlichen Werte alle auf Dein Business zutreffen bzw. damit übereinstimmen. Sollte dies nicht der Fall sein, notiere Dir diese separat und werde Dir ganz bewusst darüber, dass Du im Business persönlich anders handelst und dass das okay ist. Ziehe dann eine klare Grenze.

ZIELSCHÄRFUNG

ÜBUNG: STIMMEN DEINE PERSÖNLICHEN WERTE MIT DEINEN BUSINESS-WERTEN ÜBEREIN?

....
....
....
....
....
....
....
....
....
....
....
....
....
....
....
....
....
....

Tu dies mit jedem Deiner Werte und Anti-Werte!

Kapitel 18

CIRCLE OF PASSION

„Das größte Bestreben einer leidenschaftslosen Seele
sollte das Zurückgewinnen der Begeisterung sein."

Stephy Beck

Die folgende Methode hat mir auf meiner Reise nach Singapur klargemacht, dass das, was ich momentan tue, für mich langfristig nicht der richtige Weg ist. Mithilfe dieser Umsetzungsübung, die im Wesentlichen aus vier Lebensfragen besteht, bist Du in der Lage, Dich selbst zu spiegeln und Dir von außen bewusst zu machen, welchen Weg Du eigentlich einschlagen willst.

Vielleicht erinnerst Du Dich an meine Geschichte: Ich hatte eine gut laufende Agentur, eine Firma für Individualsoftware sowie einige Lebensmittelprodukte erfolgreich am Markt platziert. Mir ging es finanziell gut. Nur verspürte ich nach und nach das Gefühl, irgendwie an meinem Leben „vorbeizuleben" und irgendwie auf dem falschen Weg zu sein und mit zunehmender Zeit konnte ich keine Begeisterung und keine Erfüllung mehr in meinem Handeln spüren. Ich war nicht mehr richtig im Moment und funktionierte teilweise tage-, wochen- monatelang auf Autopilot.

Manchmal, wenn ich von Berlin nach Frankfurt reiste, fragte ich mich – angekommen im Hotel in Frankfurt –, wie ich eigentlich hierhergekommen war und wo die letzten Stunden meines Lebens waren. Ich befand mich in meinem eigenen Schnellzug. Und der ICE meines eigenen Lebens drohte nur noch mehr Geschwindigkeit aufzunehmen. Statt zur Ruhe zu kommen, blühte mir nur noch mehr Hektik und Stress ...

Irgendwann war Schluss und ich versuchte die Reißleine zu ziehen. Das war der Moment, an dem ich völlig verloren in einem kleinen Downtown-Hotel in Singapur ankam. Mein Zimmer war gerade einmal 4 Quadratmeter groß. Ich schleppte mich an den Pool auf der Dachterrasse. Niemand außer mir machte es sich dort bequem, denn offen gestanden war es nicht wirklich bequem und einladend.

Doch brauchte ich mehr Raum, als ich in meinem Zimmer bekam. Nun, an jenem heißen Mittwochnachmittag machte ich mich auf die Suche – die Suche nach mir selbst, nach meiner eigenen Leidenschaft, nach dem, was mich in Zukunft erfüllen sollte – nach einer Veränderung.

Ich stellte mir damals die vier Fragen, die ich auch Dir hier in der Kreisgrafik aufzeige. Ich bearbeitete jede einzelne sehr ausführlich und ließ dann meine Aufzeichnungen einige Tage ruhen. Nach 4 Tagen nahm ich sie wieder zur Hand, ergänzte und teilweise korrigierte sie teilweise auch ein wenig, bis ich wirklich vollkommen einverstanden damit war.

CIRCLE OF PASSION

Wenn Du also vielleicht gerade an dem Punkt bist und sagst:

„Ich habe schon viel ausprobiert, viel erreicht, viel gemacht und irgendwie läuft es ja auch alles mehr oder weniger, ABER: Ich bin wirklich müde ... Ich bin ausgebrannt ... erschöpft und mir fehlt die Kreativität, der Enthusiasmus, die Motivation. Ich weiß nicht, was meine ehrliche Leidenschaft ist, was ich wirklich von Herzen gerne tue ...", dann kann ich Dir die folgende Übung ans Herz legen. Für mich hat sie eine wesentliche Veränderung und einen positiven Einfluss für alle nächsten Schritte gebracht.

ÜBUNG: 4 Antworten zur Sinnfindung

» Wo will ich hin?
» Was liebe ich wirklich?
» Worin bin ich gut / besser als viele oder sogar alle anderen?
» Wofür genau werde ich momentan bezahlt?

Wo will ich hin?
ein Leben in Leichtigkeit durch
erfolgreiches Business, welches mit
meinem Familienleben Hand in Hand geht

Was liebe ich wirklich?
Menschen ihre Selbstverantwortung
zu bringen

Worin bin ich gut/besser als viele
oder sogar allen anderen?
Selbstverantwortung übernehmen,
manifestieren

Wofür genau werde ich gerade
bezahlt?
Menschen zu ihren Zielen zu bringen

Kapitel 19

WAS DU NICHT WILLST

„Hin und wieder sind wir so leichtsinnig, dass wir unvorsichtig, undankbar und ungeduldig werden, bei dem was wir uns selbst erschaffen."

Stephy Beck

In den vorangegangenen Kapiteln und Umsetzungen hast Du verstanden, dass ein wohlhabendes und erfülltes Leben nur möglich ist, wenn Du nach Deinen Werten lebst und ganz bewusst auch die Dinge meidest, die Deinen Anti-Werten entsprechen. Du hast verstanden, dass Erfolg kein richtig oder falsch impliziert, sondern dass Erfolg für jede Person ganz individuell ist und sich oft an Deinen Werten und Anti-Werten orientiert.

Dir ist bewusst geworden, welche enorme Macht Deine Gedanken und Deine Sichtweise auf die Dinge haben, und dass Du allein durch die Veränderung in Dir selbst Dein ganzes Leben verändern kannst.

Aus diesem Grund hast Du Dich damit auseinandergesetzt, was Du Dir wünschst und was Du wirklich willst. Es heißt immer: „Du musst nur wissen, was Du willst, dann …!"

Das ist richtig, JA – absolut! Um Dein Ziel zu kennen, musst Du wissen, was Du willst. Denn meist haben wir schon alles in unserem Leben, was wir für unsere Zielerreichung benötigen. Wir sind nur zu blind, es zu erkennen, weil wir uns unserer eigenen Lebensrichtung nicht bewusst sind. Es ist wichtig zu wissen, was Du willst, doch es ist mindestens genauso wichtig, sich des Gegenteils, nämlich dessen, was wir nicht wollen, bewusst zu sein.

STORY: DER „FALSCHE" WUNSCH ...

Mein persönliches Beispiel: Am Anfang all meiner Unternehmungen war für mich ein Erfolgskriterium, viele Mitarbeiter zu haben! Ich dachte, wenn ich nur viele Mitarbeiter ins Unternehmen holte, dann sei ich erfolgreich – und hier reden wir ausschließlich von Festangestellten! Ich habe keinen einzigen Gedanken daran verschwendet, dies ernsthaft zu hinterfragen.

Weder habe ich mich gefragt „Warum will ich das eigentlich? Was verbinde ich mit diesem Glaubenssatz?" noch habe ich die Vor- und Nachteile dieser Maßnahme gegenübergestellt.

Und somit habe ich einfach kontinuierlich mein Ziel verfolgt und Mitarbeiter akquiriert. Ähnlich verhielt es sich mit der Anzahl der Kunden! Ich dachte: Wenn ich nur viele Kunden hätte, dann sei ich erfolgreich!

Und tatsächlich – das habe ich später in einigen meiner Seminare erfahren – denkt so ein Großteil der Menschen.

Aus irgendeinem verrückten Grund (vermutlich der Vergangenheit geschuldet), verbinden Menschen unternehmerischen Erfolg mit der Größe eines Unternehmens, der Anzahl an Mitarbeitern oder gar den Standorten, die ein Business aufzuweisen hat.

Und so war es auch bei mir in meinem ersten Agenturjahr. Nun, ich strebte also nach vielen Kunden und begann dieses Ziel zu verfolgen und logischerweise viele Kunden zu akquirieren. Mit Erfolg!

So weit, so gut. Nach einiger Zeit hatte ich es geschafft. Ich hatte Mitarbeiter/innen und auch mehr Kunden, doch was ich nicht bedacht hatte, waren all die Nachteile, die diese beiden Punkte mit sich brachten und die mich in meiner persönlichen Wahrnehmung wenig erfolgreich machten.

Ich hatte nicht genau definiert, welche Art von Kunden ich wollte und mit welchen Klienten wir auf gar keinen Fall zusammenarbeiten wollten. Um es zu konkretisieren, liste ich nachfolgend ein paar Beispiele auf, die sicher jeder kennt, der schon einige Zeit im Business ist und viel Kundenkontakt hat:

- » *Nörgelnde Kunden*
- » *Kunden, denen Du es einfach nicht recht machen kannst, ganz gleich, wie sehr Du Dich auch bemühst*
- » *Kunden, die zahlungsunfähig sind*
- » *Kunden, die geradewegs auf eine Insolvenz zusteuern*
- » *Kunden, die Dich immer und immer wieder in mühselige Preisdiskussionen verwickeln*
- » *Kunden, die respektlos und frech Dir oder Deinen Mitarbeitern gegenüber sind*
- » *Kunden, die nur Deine billigsten Produkte oder Leistungen kaufen, dann aber einen VIP-Support verlangen*
- » *Kunden, die immer ein Schlupfloch suchen*

> *Kunden, die das Wochenende, Feiertage oder Weihnachten nicht als „arbeitsfreie" Tage tolerieren*

> *usw.*

Es wurde mir bewusst, dass ich ausschließlich die Kunden, die wertschätzend und respektvoll im Umgang miteinander sind, haben möchte; Kunden, die lange unsere Kunden bleiben, ein gutes Netzwerk haben, uns weiterempfehlen und uns vertrauen; Kunden, die zu Freunden werden.

Doch bis mir das bewusst wurde, hatte ich schlichtweg 2 Fehler gemacht:

1. *Ich hatte nicht genau definiert, welche Art von Kunden und Mitarbeitern ich wollte.*
2. *Ich hatte nicht genau definiert, was ich auf gar keinen Fall tolerieren kann und absolut nicht will!*

Daher notiere Dir bitte jetzt, was Du in Deinem Leben nicht willst. Konzentriere Dich auf die Punkte, die Dich in den letzten 90 bis 180 Tagen in Deinem Business schlichtweg wirklich gestresst haben und wiederhole diese Übung im Hinblick auf Dein Privatleben, Deine Familie, Deinen Freundeskreis und Dich selbst.

Am besten startest Du mit der letzten Woche. Reflektiere die Aktivitäten, die Dir wirklich Energie geraubt haben oder zu denen Du Dich im wahrsten Sinne des Wortes durchringen musstest. Schreib Dir den „Frust" und die vermeintliche Enttäuschung oder den Stress von der Seele.

ÜBUNG: Was ich nicht mehr machen will

„Was ich nicht mehr machen will bzw. was mich richtig frustriert, ankotzt, mir Energie raubt und bei dem ich künftig beschließe, es aus meinem Alltag zu eliminieren:"

- Haushalt → Putzfee
- ganzer Tag Ideen zum Spielen → Kita
- Abendtermine → ab Dezember Vormittags

WAS DU NICHT WILLST

KAPITEL 20

IRRGLAUBE (LEBENS-) ZEIT

*„Kein Moment in unserem Leben gleicht
einem zweiten. Jede Sekunde ist einzigartig
und jeder Moment wird unwiederbringlich gelebt."*

Stephy Beck

In der letzten Übung hast Du für Dich und Dein Leben erkannt, welche WERTE Dir wichtig sind. Werte begegnen uns überall, zum Beispiel in einer Partnerschaft, in Beziehungen zu anderen Menschen, in unserer Familie, in unserem Job, wenn Du in einem Angestelltenverhältnis bist, dann in Deiner Firma oder in der Unternehmenskultur. Werte begegnen uns bei unseren Hobbies und spiegeln sich oft in unseren Freizeitaktivitäten wider. Sie spielen eine Rolle in Entscheidungsprozessen und bei für Dich wichtigen Fragestellungen.

> „Wofür lebst du? Was ist Dein Lebensziel? Was willst Du in Deinem Leben wirklich aus tiefstem Herzen erreichen?"

Es erstaunt mich und zugleich kann ich es sehr gut nachvollziehen, dass viele Menschen, gefühlt mehr als noch vor einigen Jahren oder gar Jahrzehnten, auf der Sinnsuche sind.

In einer Welt, die sich so rasant verändert, die innerhalb der letzten 30 Jahre einen derartigen technologischen Wandel hingelegt hat, der nicht nur Prozesse vereinfacht, sondern der das Verhalten und die Art und Weise, wie wir Menschen kommunizieren, grundlegend verändert hat, erlauben wir uns kaum mehr eine Pause, um all die Veränderungen für uns selbst zu verarbeiten.

In einer Welt, in der alles schnell geht, und scheinbar nur wenig wirklich von Ruhe, Geduld und Dauer ist, hetzen wir dem nächsten Trend hinterher, um ja nichts zu verpassen.

Wir setzen uns selbst unter Druck: Schneller, besser, mehr (!) und vergessen dabei unseren ganz persönlichen Entwicklungsprozess.

Ich persönlich habe früh begonnen, mich selbstständig zu machen, 24 Stunden und 7 Tage die Woche zu arbeiten – und das, ohne mich vorher mit mir und meinen Werten und Lebenswünschen auseinanderzusetzen. Ich hatte quasi diese Stufe, die aber für meine Persönlichkeit und damit langfristig auch für meinen Erfolg wichtig war, einfach übersprungen. Genau diese Lektion hat mich später, einige Jahre danach, eingeholt und mich förmlich gezwungen, mich mit MIR auseinanderzusetzen.

In den letzten Jahren habe ich viele Menschen getroffen, denen es ähnlich geht. Sie sagen: „Zielfindung und das ganze Thema Mission und

Vision für mich selbst zu erkennen, fällt mir unglaublich schwer. Es ist aber etwas, das ich gerne hätte und das mich mit aller Kraft anzieht."

Was es für mich noch viel mehr auf den Punkt bringt, ist ein Satz einer Klientin: „Klar habe ich Ziele … aber irgendwie habe ich das Gefühl, dass sie nicht so stark sind, dass sie mich ziehen, dass ich mich wirklich für sie begeistere. Es fühlt sich eher so an wie:

»Naja, man muss ja ein Ziel haben, also habe ich mir halt mal ein Ziel gesteckt«. Wenn ich ganz ehrlich bin, steckt da keine richtige Leidenschaft dahinter … Ich finde es wirklich schwierig, starke Ziele zu definieren, wenngleich ich mir so sehr wünsche, das zu finden, was mich aus tiefem Herzen begeistert."

Du siehst schon, es ist wieder die Begeisterung, die eine tragende Rolle spielt und nach der die Menschen streben.

BEGEISTERUNG.

Im vorangegangenen Kapitel wurde ziemlich ausführlich beschrieben, welchen Unterschied es macht, ob Du ein erfülltes Leben oder einen Kompromiss wählst. Denn: Letztlich lebst Du nur ein einziges Mal dieses Leben. Jede Sekunde, die verrinnt, ist unwiederbringlich. Alles ist zu reproduzieren, nur die Zeit, Deine Lebenszeit, tickt und sie schwindet mit jeder Sekunde. Denn solltest Du bis heute darüber noch nie nachgedacht haben:

Du verbrauchst jede Sekunde Deines Lebens, ob Du willst oder nicht.

Du kannst Zeit weder ansparen noch auf sie warten oder mehr davon generieren. Ich möchte Dir von einer Begegnung erzählen, die mir genau das sehr deutlich bewusst gemacht hat.

STORY – DER ALTE WEISE MANN

Vor einigen Jahren hatte ich geschäftlich in Zürich zu tun und ich war für knapp eine Woche in der Schweizer Hauptstadt. Es war eine stressige Woche mit wenig Schlaf und vielen Kundengesprächen. An einem Morgen nahm ich es mir heraus, früh aufzustehen, gut und ausgiebig zu frühstücken und dann einen langen Spaziergang durch den Wald zu machen.

Manchmal brauche ich das, um mal wieder zur Ruhe zu kommen, einen klaren Kopf zu bewahren und Energie aufzutanken. Es war Herbst und der Wald und die Wiesen waren mit einem orange-roten Blätterkleid überzogen.

An solchen Tagen wandere ich einfach so umher, tatsächlich ohne Ziel und ohne Ablenkung. Ich lasse mich einfach voll und ganz auf den Weg ein und vertraue darauf, dass er führt.

Nach ca. 30 Minuten kam ich an eine Abzweigung. Links schien es zu einem Aussichtspunkt über den Zürichsee zu gehen, rechts weiter in den Wald.

Ich entschied mich für links. Und bereits einige Minuten später konnte ich sehen, wie sich der wunderschöne Zürichsee erstreckt. Ganz vorne, am Aussichtspunkt, stand eine Bank. Ich nahm darauf Platz und kramte in meiner Tasche nach meinem grauen Notizbuch. Wasser hat irgendwie immer eine ganz besonders magische Kraft auf mich und wenn ich an einem solchen Ort sitze, der so ruhig und friedlich ist, kommen mir Gedanken und Ideen, die ich unbedingt aufschreiben muss.

Ich sitze da, lasse all meine Gedanken schweifen und schreibe vertieft etwas in mein Buch. Plötzlich bemerke ich, dass jemand neben mir auf der Bank Platz nimmt. Es ist ein älterer Mann, geschätzt um die 70 Jahre. Er trägt einen dunkelblauen Hut, die passenden Lackschuhe, eine karierte grau-schwarze Stoffhose, darüber einen blauen Schal und einen schwarzen Filzmantel.

Es schien so, als trage er darunter ein weiß-beiges Jackett oder noch ein Stoffjäckchen. Blau schien seine Lieblingsfarbe zu sein oder er hatte einfach einen Hang zu Mode. Der Mann sah ungewöhnlich aus. Schick, viel zu schick für jemanden, der wandern oder spazieren geht … Er saß im perfekten rechten Winkel auf der Bank und blickte starr auf den See.

Ich grüßte ihn leise. Er warf mir ein Nicken zu, ohne seinen Kopf zu mir zu drehen. Irgendwie fühlte ich mich unbehaglich.

Ich packte mein Notizbuch weg und beschloss meinen Rückweg anzutreten.

Er bemerkte das und sah mich plötzlich erschrocken an. „Hab ich sie vertrieben?" Diese ganze Sache war mir irgendwie unbehaglich, ich war nicht ängstlich, aber irgendwie war mir das Ganze suspekt … Ich verneinte die Frage und war quasi auf der Flucht, als der Mann das Gespräch mit mir suchte.

Auf eine genauso verrückte Weise, wie er sich neben mir auf die Bank gesetzt hatte, begann er plötzlich zu sprudeln. Er erzählte von seinem Leben, dass er vor 40 Jahren eine kleine Schuhmacherei übernommen habe. Dass er sehr erfolgreich gewesen sei und bereits nach wenigen Jahren ein zweites, drittes und viertes Geschäft habe eröffnen können.

Er erzählte mir von der Liebe seines Lebens, die irgendwann einfach in seinem Laden stand. Johanna. Johanna hatte blondes lockiges Haar und sie ging nie ohne Hut aus dem Haus. Er erklärte mir, dass sie immer viel Wert darauf gelegt habe und dass das wohl auch der Grund sei, warum er heute den Hut trage.

Er schmunzelte und sagte: „Wissen sie, ich fand den Hut grauselig, als sie mir zum ersten Mal so ein Ding mit nach Hause brachte!" Ich fragte ihn, was ihn heute Morgen hierher gebracht habe und warum er so schick gekleidet sei.

Diese Frage erstaunte ihn ganz offensichtlich. Und seine einzige Antwort war: „Keine Sekunde Deines Lebens solltest Du schlecht gekleidet sein." Ich wusste nun, warum er so auffällige Schuhe trug. Er war im Herzen immer noch der Schuhmacher, der er sein Leben lang gewesen war.

„Wissen sie, das Leben ist eine feine Sache. Die meisten leben es nicht, sie verschwenden es. Ich erkannte das erst …" Er machte eine lange Pause. Ich sah, wie ihm eine Träne über die Backe kullerte. „Ich erkannte das erst, als meine Frau mich darum bat. Als wir unser Leben gelebt hatten, und ich wusste, dass ich bald allein sein würde.

Sie bat mich, mir Zeit zu nehmen. Wenn ich heute zurückdenke: Ich war erst wütend, weil sie wusste ja, dass ich viel zu tun hatte. Ich vertrat damals den Glaubenssatz, dass das Leben nicht dazu da sei, um sich auszuruhen. Mein ganzes Leben lang hatte ich viel zu tun, daran würde sich nichts ändern. Wissen Sie, es ist nicht immer einfach, ein Schuhgeschäft zu betreiben, das war es auch nicht in den Zeiten vor dem Internet.

Als ich irgendwann kürzertreten musste, musste ich eine Nachfolge finden. Meine Frau und ich konnten nie Kinder bekommen. Von daher hatte sich das mit der Familiennachfolge erledigt. Aber ich fand eine junge Frau, die bis heute den Laden übernimmt. Sie macht das gut. Wirklich gut."

Ich war drauf und dran, nun wirklich zu gehen, aber irgendwie hatte ich das Gefühl, den alten Mann, der mir gerade sein Herz ausgeschüttet hatte, dann ganz allein zurückzulassen und ich entschied, mich wieder auf die Bank zu setzen. Er war dankbar. Das spürte ich, ohne dass er das gesagt hatte. Er nahm seine Erzählung wieder auf. „Ich hatte mein Leben lang keine Zeit und habe aus einem Irrglauben heraus mein ganzes Leben darauf verschwendet, keine Zeit zum Leben zu haben. Ist das nicht irgendwie verrückt?

Wofür leben wir denn, wenn wir unsere Zeit nicht zum Leben nutzen? Erst an dem Tag, an dem mich meine Frau darum bat und mir die wirklich kurze Zeit, die wir noch hatten, bewusst machte … Da hatten wir noch 4 Monate zusammen.

Ich bin mit ihr nach Italien gereist, nach Bozen, das hatte sie sich immer gewünscht. Sie erzählte mir bis zu ihrem letzten Atemzug, dass sie in dem kleinen Café auf dem Berg den besten Kirschkuchen ihres Lebens gegessen habe.

Wir hatten damals dann nicht mehr genug Lebenszeit, aber sie wollte den Sonnenuntergang von einer griechischen Insel aus beobachten, mal eine Bloody Mary probieren – sie wissen schon, diesen alkoholischen Tomatensaft – mal auf Sylt eine Fahrradtour durch die Dünen machen und Giraffen in der freien Wildbahn begutachten.

Sie hat mir eine Liste geschrieben, einen Brief an ihr Leben. Alles, wofür sie dankbar war, die besten Momente und die Dinge, die sie eines Tages noch machen würde ... Wir hatten nicht mehr genug Zeit. Und zum ersten Mal im Leben hatten wir wirklich nicht mehr genug Zeit. Das liegt jetzt 8,5 Jahre zurück ...

Als Johanna weg war, war ich allein. Ziemlich allein. Ich hatte keine Freude mehr an dem Schuhgeschäft. Die Zeit war vorüber. Und ich machte mir zum ersten Mal Gedanken über das Leben. Letztes Jahr war ich auf Sylt und bin mit dem Fahrrad durch die Dünen gefahren. Traut man mir gar nicht zu, was?" Nun lachte der alte Mann herzlich und ich war zugleich gerührt. „Warum sind Sie heute hier? Um sich mal Zeit zu nehmen?" Er fragte es und hatte mich ertappt.

Ich antwortete nicht, denn wir beide wussten, dass das nicht notwendig war.

„Wissen Sie, ich weiß, mir bleibt nicht mehr lange ... ich bin heute hierhergekommen, um den letzten Punkt der Liste meiner Frau zu erledigen. Ich hätte nicht gedacht, dass ich Sie hier treffe oder dass ich irgendwen hier treffe ... Es ist doch eine unbekannte Bank, das dachte ich jedenfalls ... Aber dann waren Sie da. Ich schreibe heute den Brief an mein Leben. Und wenn ich Ihnen eines raten darf, warten sie keine 60, 70 oder 80 Jahre, bis Sie das tun. Wir haben immer Zeit, uns Zeit zu nehmen. Aber wir können es uns nicht leisten, Zeit zu verschwenden. Für mich ist die Zeit gekommen. Das weiß ich. Ich freue mich auf meine Johanna. Aber Sie, SIE, haben noch alle Zeit vor sich. Vergessen Sie das nie, nie, niemals!"

Er nahm seinen Hut ab und hielt ihn mit der Unterseite an seinen Körper. Der Mann hatte weißes, volles, kurzes Haar. Er schaute mir in die Augen, zum ersten Mal. „Verpassen Sie nie die Momente, die zählen! Das Leben ist wunderbar, doch wir müssen es LEBEN." Ich nickte und war ehrfürchtig wegen der Geschichte, die er mit mir geteilt hatte.

Dann hörte ich ein Auto. Eine Frau in einer schwarzen Fließjacke stürmte zur Bank: „Anton, ich hab Dich überall gesucht!! Was machst Du so früh auf dem Berg und wie bist Du hierhergekommen?"

IRRGLAUBE (LEBENS-) ZEIT

Der Mann zuckte mit den Schultern. Er war nicht überrascht. Die Frau war hysterisch, schaute mich an und entschuldigte sich peinlich berührt. „Entschuldigen Sie bitte, ich hoffe, er hat Sie nicht zu sehr gestört. Mein Nachbar ist eine einsame Seele, er hat niemanden mehr und ist dement. Ich weiß nicht, wie er hierhergekommen ist."

Sie packte den alten Mann an der Hand, er setzte seinen Hut auf und beide stapften davon. Ich sagte: „Danke!" Er drehte sich um und nickte wieder ganz leicht. Ich habe ihn nie mehr wiedergesehen, aber was ich an jenem Morgen begriffen hatte, war: Ich habe Zeit! Und die Zeit hat mich. Ich blieb noch einige Minuten auf der Bank sitzen ...

Es ist schon verrückt! Wie oft höre ich den Satz: „Ich habe keine Zeit". Ich selbst habe diesen Satz ungezählte Male gesagt. Wir lehnen Möglichkeiten, Chancen, Abenteuer, Menschen und uns selbst ab, weil wir uns selbst vorsagen, dass wir keine Zeit haben. Aber wer bestimmt das eigentlich? Woran machen wir es fest, dass wir keine Zeit haben?

Im Grunde ist das lediglich unser eigenes Gefängnis, in das wir uns selbst hineinzwingen. Denn, wenn wir es genau nehmen, ist der Zustand, dass Du keine Zeit hast, schlichtweg nicht möglich. Du verbrauchst Zeit in jeder Sekunde. Es ist nicht möglich, dass Du keine Zeit hast. Natürlich ist es sehr wohl richtig, dass wir Termine haben und nicht zu spät kommen möchten oder noch einen Berg an Aufgaben zu erledigen haben, bevor wir zum Shoppen ins Einkaufscenter gehen.

Aber die meiste Zeit, in der wir sagen und dem gestressten Glauben unterliegen, dass wir KEINE ZEIT haben, hetzen wir im Grunde von A nach B, sind gestresst und machen uns selbst den Druck, der real gar nicht existiert. Wir sind getrieben davon, dass wir keine Zeit haben. Und was passiert in der Folge?

Wir haben tatsächlich das Empfinden, keine Zeit zu haben. Was also, wenn wir den Satz „Ich habe keine Zeit" einfach aus unserem Wortschatz streichen?

Vor einigen Monaten erreichte mich während einer Taxifahrt in Dubai eine Einladung per Mail zu einer exklusiven Premiere in der Stadt. Eine große Chance und vor allem auch ein ganz besonderes Event, das sicher nicht alle Tage stattfindet. Das Angebot war verlockend und ich persönlich wollte bereits seit einiger Zeit zu einem derartigen Event eingeladen werden.

Doch ich hatte eine Deadline zur Abgabe eines Projektes. In wenigen Tagen sollte ich ein Markenkonzept zur Neupositionierung einer bestehenden Ladenkette vollumfänglich präsentieren. Und zu dem Zeitpunkt, als mich die Einladung erreichte, hatte ich gerade erst die Hälfte fertiggestellt.

Sofort schoss mir in den Kopf: „Ich habe keine Zeit!" Und schweren Herzens begann ich bereits die Antwort auf die Einladung in mein iPhone zu tippen.

Dann hielt ich noch einmal kurz inne … „Ich habe keine Zeit???" STOP! Mir wurde bewusst, dass, wenn wir „keine Zeit" haben, das zumeist an uns selbst liegt! Ich breche es mal auf drei „Keine-Zeit"-Situationen herunter und ich bitte Dich, Dein eigenes Zeitverhältnis im Laufe dieses Kapitels einmal zu hinterfragen.

Ich weiß, dass manche Aussagen Dir „zu leicht" vorkommen mögen oder dass Du denkst: „Die hat gut reden, aber so einfach ist das nicht." Trotzdem schau mal hin und prüfe mal, was passieren würde, wenn Du wirklich mit 100%-iger Konsequenz so handeln würdest.

1. *Höhere Gewalt*

Keine Zeit zu haben, bedeutet, dass wir nicht genügend Zeit für eine Aktivität eingeplant haben oder dass etwas Unvorhersehbares passiert ist, das wir weder kalkulieren noch planen konnten und das in der Folge dazu geführt hat, dass wir aufgrund des unvorhergesehenen Ereignisses weniger Zeit für die eigentliche Aktivität haben. Diese Art, „keine Zeit" zu haben, ist schlichtweg höhere Gewalt und Du hast selbst an diesem Punkt die Möglichkeit, Dir „Zeit zu nehmen". Diese Möglichkeit hast Du im Übrigen zu jedem Zeitpunkt, denn letztlich entscheidest immer Du, ob Du Zeit hast, ob Du Dir die Zeit nimmst oder ob Du die Ausrede „keine Zeit" nutzt und Dich selbst stresst.

2. Deine eigene Planung

Oft geraten wir in Zeitdruck und haben das Gefühl, „keine Zeit" zu haben, weil wir selbst dafür sorgen, indem wir für gewisse Aktivitäten schlichtweg nicht genügend Zeit einplanen. Genau damit setzen wir uns selbst unter Druck. Wir stressen uns selbst, indem wir uns Ziele stecken oder Deadlines, die viel zu knapp bemessen sind. Denn in den allermeisten Fällen liegt unsere eigene Planung in unserer Hand.

Ein Beispiel, das ich oft höre, lautet wie folgt: Viele Unternehmer oder Selbstständige, besonders zu Beginn ihrer unternehmerischen Laufbahn, geben ihrem Kunden gegenüber eine viel zu knappe Deadline oder Leistungsangabe an.

Wenn der Kunde also fragt „Bis wann kann ich mit der Lieferung des Produktes oder der Leistung rechnen?", wird eine Deadline angegeben, die zwar realistisch ist, besonders dann, wenn alles nach Plan läuft, die aber keine außergewöhnlichen Ereignisse einkalkuliert. Das heißt nun: Wenn irgendetwas Unvorhersehbares passiert, das muss ja nicht einmal etwas „Schlimmes" sein, dann kommen der Plan und die Deadline bereits ins Wanken bzw. je nachdem, was für eine Auswirkung das unvorhersehbare Ereignis hat, ist sie ggf. gar nicht mehr einhaltbar.

Das Verrückte an diesem Beispiel aber ist Folgendes: Weil der Unternehmer glaubt, dass er das Projekt oder die Leistung „schnell" abliefern müsse, legt er eine zeitnahe Deadline fest, die ihn unter Zeitdruck setzt. Damit setzt er dem Kunden, der die Arbeit und Leistung, die hinter dem Ergebnis, das er geliefert bekommt, oft gar nicht einschätzen kann, eine Erwartungshaltung in den Kopf.

Wenn die Deadline dann nicht eingehalten werden kann, muss er zwangsläufig den Kunden darüber informieren. Das wiederum führt zu „Unzufriedenheit", denn er hatte etwas anderes erwartet. Der Unternehmer wollte mit seiner schnellen Bearbeitung und der zeitnahen Deadline erreichen, dass er einen begeisterten Kunden hat. Aufgrund des „Stresses", den er sich selbst gemacht hat, ist allerdings genau das Gegenteil eingetreten.

Der Kunde hat zu keinem Zeitpunkt verlangt oder erwartet, dass das Ergebnis zum Zeitpunkt X geliefert wird. Erst als der Unternehmer den

Liefertermin genannt hat, den er selbst frei nennen konnte, hatte der Kunde einen zeitlichen Bezug und damit eine Erwartung, die dann unter Umständen nicht eingehalten werden kann und zu einer enttäuschten Erwartungshaltung führt bzw. schlichtweg auch dazu, dass der Kunde das Vertrauen in das Wort des Unternehmers verliert.

Du denkst vielleicht, dass das jetzt etwas zu hart formuliert ist, aber im Grunde läuft es langfristig genau darauf hinaus.

Hätte der Unternehmer also von Beginn an mehr Zeit eingeplant, einen sogenannten „Puffer", so hätte er dem Kunden einen Liefertermin 1 bis 2 Wochen später genannt.

Wäre er dann allerdings tatsächlich früher fertig geworden, hätte er dem Kunden das Ergebnis eher liefern können und …

Du weißt schon, worauf ich hinauswill!

Der Kunde wäre absolut begeistert gewesen, denn er hätte das Gefühl gehabt, dass seine Anfrage schneller bearbeitet worden sei und er hätte sich gefreut, dass das Ergebnis nun bereits früher geliefert wurde. Es ist eine simple Veränderung, Dir und Deinem Umfeld „mehr Zeit" zu geben, die große Wirkung hat und die Du genauso in vielen weiteren Situationen privat sowie beruflich anwenden kannst.

Wichtig ist, dass Du begreifst, dass sich weder Deine Arbeit noch die Zeit, die Du dafür benötigst, oder der Kunde, also Dein Umfeld, geändert haben. Trotzdem hat sich die Gesamtsituation im Ergebnis komplett gewandelt, nur und einzig und allein, indem Du der Sache MEHR ZEIT gegeben hast.

Wer also häufig „keine Zeit" hat und dies nicht nur als Ausrede nutzt, der überprüfe mal, ob er oder sie den Druck nicht vielleicht selbst verursachst. Hier sollte mehr Zeit eingeplant werden, um mehr Zeit zu haben.

„Wenn Du mehr Zeit haben willst, nimm Dir mehr Zeit!"

3. Kompromisse (fremdbestimmt leben)

Punkt drei ist wahrscheinlich der unangenehmste von allen. Viele Menschen schieben das Zeitproblem auf die äußeren Umstände und geben damit die Verantwortung ab.

Wer tatsächlich in der Situation ist, dass andere über seine Zeit bestimmen, der sollte sich bewusst sein, dass er damit sein eigenes Leben aus den Händen gibt.

Es ist dabei gleich, ob Du Dich in einem Arbeitsverhältnis befindest, in dem Dein Vorgesetzter so herrisch ist, dass Du Dich selbst unterwirfst, oder ob dies auf Deine Partnerschaft, Deine Familie oder Dein Umfeld zutrifft.

Wenn Du das Gefühl hast, nie genug Zeit zu haben, die Dinge zu tun, die DU willst – und das liegt nicht, wie im vorherigen Punkt zwei beschrieben, daran, dass Du es Dir nicht erlaubst oder Du Dich selbst unter Druck setzt – dann betrachte Dein Zeitmanagement kritisch.

Wer und was sorgt dafür, dass er oder sie Deine Zeit kontrolliert? Und wie?

Ich möchte Dir zwei kurze Geschichten mitgeben, sodass Du verstehst, was ich mit diesem tatsächlich sehr komplexen Punkt meine:

STORY: DIE ANGST, JEMAND GELIEBTEN ZU ENTTÄUSCHEN

Als ich Rolf das erste Mal in einem unserer Web-Meetings sah, war ich erstaunt. Wir hatten uns zu einem Termin per Video-Konferenz verabredet und saßen uns quasi, durch den Bildschirm, gegenüber. Rolf hatte bisher immer nur E-Mails geschrieben. Ich hatte kein Bild vor Augen, wie er wohl in echt aussehen, wie er sprechen und wie er sich verhalten würde.

Rolf war Ende 30, bald würde er seinen „runden" Geburtstag feiern daran erinnerte ich mich noch aufgrund unseres Mailverkehrs. Er war schlank, sportlich, sehr gepflegt und hatte bereits leicht graues Haar. Er zählte zu den Männern, die im Alter immer „schöner" werden und denen graues Haar ausgesprochen gut steht.

IRRGLAUBE (LEBENS-) ZEIT

Wenn ich es nicht besser gewusst hätte, so hätte man Rolf auch als Model für einen Fernsehwerbespot einsetzen können…

Doch dem war nicht so.

Zu Beginn unseres Meetings fragte ich Rolf, wo er hinwolle, was sein Ziel sei und wo er momentan stehe. Als er zu sprechen begann, flüsterte er fast und erzählte mir leise von seinem Schritt in die Selbstständigkeit vor 4 Jahren. Nach einigen Sätzen bat ich ihn, doch bitte etwas lauter zu sprechen.

Er nickte, sprach jedoch fast genauso leise weiter. Ich wiederholte meine Bitte und wieder nickte er, stellte seine Stimme minimal lauter und flüsterte weiter. Ich stellte meine PC-Lautstärke bis aufs Limit, musste mich aber immer noch so sehr darauf konzentrieren, Rolf überhaupt zu verstehen, so dass ich wusste, dass das Meeting für mich ziemlich anstrengend werden würde. Ich fragte mich, ob er vielleicht eine Erkrankung hatte und daher gar nicht lauter sprechen konnte. Ich versuchte es ein letztes Mal und vorsichtig fragte ich ihn: „Rolf, warum flüsterst Du denn? Es ist für mich sehr anstrengend, Dich hier im Web-Meeting zu verstehen."

Ertappt, fast schon erschrocken, blickte er mich an: „Stephy ich kann nicht so laut sprechen … dann müssen wir unser Meeting verschieben." Ich war irritiert.

Es gibt 1000 Gründe, warum Menschen das sagen könnten. Vielleicht hatte Rolf ein Baby, das gerade eingeschlafen war und das er auf keinen Fall aufwecken wollte – was auch immer es war, es kam mir seltsam vor.

Er bat mich, das Meeting auf den Tag danach auf 10 Uhr früh zu verschieben. Ich war mir nicht sicher, warum er nun unbedingt darauf pochte, stimmte allerdings zu.

Nach diesem Gespräch war ich mir nicht sicher, ob er am nächsten Tag um 10 Uhr überhaupt zum Web-Meeting erscheinen würde … Ich war pünktlich da, es war 3 Minuten nach zehn und Rolf erschien auf meinem Bildschirm. Er saß ganz offensichtlich in einem Café und plötzlich hatte er Stimme! Er begrüßte mich strahlend und mit normaler Lautstärke. Das Flüstern war weg.

Er bedankte sich für meine Flexibilität und schien richtig aufgeregt und neugierig. Vor mir saß ein völlig neuer Rolf!?! Ich war irritiert und ging nochmals auf die gestrige Situation ein. Rolf wich mir aus. Ich blieb hartnäckig. Und so erzählte er mir irgendwann von seiner Frau. Seine Frau Janina unterstützte ihn nicht bei „seiner Sache" und er erzählte mir, dass sie jedes Mal fuchsteufelswild werde, wenn er versuche, sein Business nach vorne zu bringen.

Ich ließ das erst einmal unkommentiert und fragte Rolf erneut nach seinem Ziel und wo er momentan stehe. Rolf war selbstständiger Versicherungsmakler und hatte mäßigen Erfolg. Er erzählte mir, dass sein derzeitiges Einkommen im Prinzip gerade mal seine Kosten decke und dass es auch nicht planbar sei. Er müsse jeden Monat hoffen, dass neue Anfragen reinkämen. Genau das wolle er ändern. Er wolle mehr Kunden und auch mehr Sicherheit, indem er die Dinge planbar und kalkulierbar mache.

Ich fragte ihn nach seinen bisherigen Maßnahmen und wie er denn derzeit an die wenigen Kunden, die er hat, gekommen sei.

Er erzählte mir von einer Anzeigenschaltung in der lokalen Zeitung und von einigen Kontakten, die er noch habe und die er mal angesprochen habe. Auch erzählte er mir, dass er noch eine ganze Liste an Kontakten von einem Berater bekommen habe, der seine Tätigkeit wegen Ruhestand aufgegeben habe.

Ich fragte ihn, ob er die Liste mit Adressen denn schon einmal angegangen sei. Er antwortete mit einem klaren „NEIN".

Ich fragte ihn, warum nicht.

Und er entgegnet mir, dass er keine Zeit habe und dass es auch keinen Sinn ergäbe, weil er dann vor Ort zu den Leuten fahren und mit ihnen persönlich reden und sie beraten müsse und dafür habe er erst recht keine Zeit!

Ich war erstaunt. Er setzte lieber seine Existenz und vermeintlich die seiner Familie aufs Spiel anstatt potenzielle neue Kunden anzurufen und ihnen persönlich etwas zu verkaufen? In seinem Geschäft als Berater ging es doch allerdings genau darum?!?

Für mich tauchten immer mehr Fragen auf und allmählich begann ich mir ernsthaft darüber Gedanken zu machen, ob Rolf einfach nur faul war.

Ich fasste also nochmal zusammen: „Rolf! Du hast momentan über die letzten 4 Jahre 12 Kunden gewonnen. Diese Kunden kamen aus Deinem direkten Umfeld, sind vermögend und haben Dir eine große Summe ihres Kapitals zur Verwaltung und zur Absicherung an die Hand gegeben. Durch dieses Netzwerk kannst Du heute überhaupt noch leben und kommst bei etwa 0 am Ende des Monats raus. Außer Deinem Netzwerk hast Du keinen weiteren Versuch gestartet, neue Kunden zu gewinnen und Du hast auch keine neuen Kunden gewonnen."

Er unterbrach mich. „Naja, so stimmt das ja nicht, ich habe auch noch Zeitungswerbung gemacht." Ich: „Mit welchem Ergebnis?" Er: „Ich denke, es hat schon etwas gebracht, ich habe dadurch meine Marke gestärkt …"

Ich ließ dies unkommentiert, da es schlichtweg sinnlos war, über eine Zeitungsanzeige, die absolut kein messbares Ergebnis gebracht hatte, zu diskutieren.

„Also, Du hast 10 Kunden und keine weiteren. Du hast eine gute Liste mit tollen Kontakten, die eigentlich alle sehr kaufwillig sind, mit an die Hand bekommen. Das ist Gold wert.

Trotzdem hast Du bislang noch nicht einmal den Versuch gestartet, diese Liste in irgendeiner Form zu nutzen.

Du erzählst mir die ganze Zeit, Du hättest keine Zeit, aber für mich stellt sich die Frage: Was machst Du dann die ganze Zeit?"

Er berichtete mir von allem Möglichen: von der Kundenbetreuung, von seiner Ordnerstruktur, davon, dass er ein neues System aufbaue, was wirklich einige Zeit dauere, von einer internen Struktur, um seine (noch nicht vorhandenen) Mitarbeiter richtig einzuarbeiten usw.

„Okay … Was hält Dich davon ab, das zu tun, was Du eigentlich tun solltest und was Du – zumindest glaube ich das – auch gut kannst und gerne machen würdest? Ich meine es ganz ehrlich: Was hält Dich davon ab?"

IRRGLAUBE (LEBENS-) ZEIT

Die Frage traf ihn wie ein Schlag. Er machte eine Pause. Dann wendete sich das Blatt und er erzählte mir von seiner Frau. Seine Frau hatte die Firma ihres Vaters geerbt, eine gut laufende Schreinerei, die für ihren Lebensunterhalt sorgte. Sie hatten keine Kinder und er erwähnte, dass sie genau genommen auch nicht seine Frau sei, sondern seine Verlobte, und dass sie seit über 9 Jahren zusammen seien.

Sie hätten keine Kinder und das würde wohl auch nie Thema werden. Er erzählte mir, wie sie sich kennengelernt hätten: bei einem Fußballspiel im Münchner Stadion und dass früher vieles anders gewesen sei.

Er habe damals noch in der mittleren Führungsebene bei einem bekannten Automobilhersteller gearbeitet und sie hätten oft gemeinsam etwas unternommen.

Irgendwann habe sich das geändert. Wann das genau gewesen sei, wisse er gar nicht. Ich bat ihn, mal genau darüber nachzudenken, und er legte seine zeitliche Einschätzung auf ein Jahr fest, nachdem seine Stelle abgebaut worden sei und er eine Abfindung des Automobilherstellers erhalten habe.

Seitdem sei es irgendwie komisch. Seine Frau, Susanne, habe ihn irgendwie mit anderen Augen gesehen und er habe ständig das Gefühl, etwas falsch zu machen oder es ihr nicht recht zu machen … Er sagte, sie sei frustriert, weil bei ihm nichts vorangehe, aber er wisse auch nicht, wie er das ändern solle …

Es war ein langes Gespräch. Das Problem war nicht Susanne, sondern die Macht, die er seiner Frau unbewusst gab. Aus Angst, einen Fehler zu machen, aus Angst etwas „falsch" zu machen, aus „Angst", nie mehr an den Erfolg anknüpfen zu können, den er mal hatte und aus „Angst" seine Frau zu enttäuschen, erstarrte er in Regungslosigkeit.

Dieser Zustand führte dann tatsächlich zur Enttäuschung, dazu, dass er an seinen Erfolg nicht mehr anknüpfen konnte und schlussendlich einen Kompromiss aus Angst lebte.

Damit wurden all seine Ängste tatsächlich Realität, dabei hätte es nie so weit kommen müssen.

Im Übrigen steckte noch viel mehr dahinter.

In seiner Wahrnehmung hatte er seiner Frau gegenüber ein schlechtes Gewissen, weil er absolut nichts zu deren gemeinsamer Existenz beitrug: im Gegenteil. Genau genommen ernährte sie die Familie und das entsprach nicht ganz dem Wertebild oder der Lebensvorstellung, die Rolf hatte.

Seine Werte passten also nicht mit seinen Handlungen zusammen! Du erinnerst Dich sicher an das Kapitel dazu. Das kann eine vermeintliche Konsequenz sein … Nun: Egal, ob seine Frau ihn nun tatsächlich unter Druck setzte, einengte oder ob diese Wahrnehmung und die daraus resultierenden Handlungen einzig und allein bei Rolf selbst entstanden, Fakt war und ist, dass er sich kontrollieren ließ, dass er die Verantwortung abgab und seinen vermeintlich ausbleibenden Erfolg mit der Ausrede „Ich habe keine Zeit" begründete.

Denn im Grunde hatte Rolf sehr wohl Zeit. Sogar viel Zeit. Aus Angst und Fremdbestimmung (auch wenn er diese seiner Frau fälschlicherweise zuschrieb) tat er nie die Dinge, die er eigentlich tun wollte und die er getan hätte, wenn er „Zeit gehabt hätte".

Damit ist gemeint, dass er anders gehandelt hätte, wenn er es sich selbst erlaubt hätte und Herr seiner eigenen Zeit gewesen wäre – ungeachtet auch der Tatsache, was andere von ihm gedacht hätten. Rolf lebte einen Kompromiss aus Angst, seine Frau zu enttäuschen. Seine Unerfülltheit aber war es, die die Beziehung massiv belastete und damit tatsächlich zur Enttäuschung beitrug.

Wenn Du Dich in der Geschichte von Rolf wiedererkennst, prüfe, ob Du vielleicht aus „Angst" nicht handelst oder aus „Angst" die wichtigen nächsten Schritte wegschiebst und ob Du dafür vielleicht die Ausrede „Ich habe keine Zeit dafür" verwendest.

Sei ganz ehrlich zu Dir selbst! Denn schließlich geht es um Dein erfülltes Leben und Dein erfolgreiches Business.

STORY: MANIPULATIVE FREMDBESTIMMUNG

Als ich Tatjana das erste Mal in einem unserer Web-Meetings gegenübersaß, war sie ganz schüchtern und wusste gar nicht so recht, ob sie jetzt in die Kamera oder mir in die Augen auf ihrem Bildschirm schauen sollte. Tatjana war die erste Person, die ich als Klientin annahm, die noch in einem Arbeitsverhältnis stand. Für unser Gespräch hatte sie sich schick gemacht. Sie war ganz aufgeregt und als ich sie fragte, was ihr Ziel im Leben sei und wo sie momentan stehe, fing sie an, aufgeregt von ihrer Idee zu erzählen.

Ich fragte sie, wobei ich ihr helfen könne, denn eigentlich klang das alles für mich bereits sehr klar und durchdacht. Tatjana war clever, sie dachte um die Ecke und hatte für ihren Business Start wirklich jeden erdenklichen Schritt kalkuliert. Was sie mir dann allerdings entgegnete, erstaunte mich. Es war eine Bitte, die mir kein Kunde je zuvor gestellt hatte. Tatjana bat mich, ihr bei ihrer Kündigung zu helfen.

Auch hier war ich erstaunt. Eine so clevere Frau, die nicht in der Lage war, selbst zu kündigen? Das musste sie mir erklären. Und das tat sie. Sie erzählte mir von ihrem sehr herrischen und leicht aggressiven Chef. Sie beschrieb ihn als einen Menschen mit zwei Gesichtern und sagte, dass er unberechenbar sei.

Tatjana arbeitete im Büro und übernahm für eine Franchise-Kette in der Gastronomie die Buchhaltung. Das Unternehmen hatte über 1000 Mitarbeiter/innen. Der oder die Einzelne in den Außenstellen, also an allen Standorten, außer der Hauptzentrale, bekamen nie die verbale Brutalität des Chefs mit, aber all diejenigen, die in der Hauptzentrale saßen, sehr wohl.

Tatjana saß in der Hauptzentrale und zwar direkt im Büro gegenüber dem Chef. Ihre Geschichte reichte weit und ich will versuchen, es kurz zu fassen. Als Tatjana vor 8 Jahren in diesem Unternehmen begonnen hatte, war sie Mitte 20. Sie war hungrig, wissbegierig und sehr engagiert. Sie schmunzelte und erzählte mir, dass sie damals ernsthaft geglaubt habe, in diesem Unternehmen ehrlich etwas bewegen zu können.

Sie erzählte mir von ihren Träumen und wer die 26-jährige Tatjana gewesen war. „Anfangs lief es richtig gut! Das Onboarding und die

Einarbeitungszeit waren grandios. Ich verstand mich super mit den Kollegen, und ich machte schnell Fortschritte und kassierte erstes Lob.

Dann, ungefähr 1,5 Jahre nachdem ich dort begonnen hatte, durfte ich mit drei anderen Kollegen und dem Chef auf die größte Gastromesse Europas. Das war ein Mega-Event und wir hatten einen bombastischen Messestand.

Es war eine besondere Ehre auf die Messe zu kommen, das zeigte einem, dass man seine Arbeit wirklich gut machte und dass der Weg und die Karriere weiter nach oben gehen würden.

Bis dato fühlte ich mich in dem Unternehmen gut aufgehoben. Ich lernte viel Neues und hatte unglaublich viel Abwechslung. Doch an jenem Wochenende änderte sich alles. Ich fasse es kurz und nenne nicht viele Details. Die Messe war für uns ein absoluter Erfolg und wir feierten gemeinsam mit dem Team und unseren Kunden ausgelassen. Ich trinke keinen Alkohol wegen meiner Religion. Das änderte ich auch an jenen Tagen nicht. Alle anderen übertrieben es maßlos und zu später Stunde, als wir alle Lichter am Stand ausmachten, nun ja … was soll ich sagen. Ich glaube, Du weißt schon, worauf das hinausläuft …!?"

Tatsächlich hatte ich einige Gedanken, was wohl als nächstes kommen würde. „Mein Chef und sein – wohl bester Freund – aus unserer externen Marketingagentur, Oliver, kamen auf mich zu, recht stark betrunken. Sie sprachen mich an und versuchten mich aufzuziehen, da ich kein Alkohol trank. Es war lächerlich. Aber ich versuchte so wenig Angriffsfläche wie nur möglich zu bieten und machte selbst daraus einen Scherz. Irgendwann schwenkte das Ganze um, als sein Kollege kurz austreten war, da fing mein Chef an, mir seine vulgäre Phantasie mit MIR zu erzählen. Ich war schockiert! Er rückte näher, fasste mir an den Oberschenkel und war dabei, seine Hand unter meinen Rock zu schieben.

Das ging zu weit! Mal abgesehen davon, dass ich verlobt bin, weder Interesse an ihm gezeigt hatte noch dies so interpretiert hätte werden können. Gerade er sollte eigentlich überhaupt nie in eine solche Situation geraten! Er steht in der Öffentlichkeit, ist seit 12 Jahren verheiratet und hat zu Hause eine schwangere Frau und 3 Kinder sitzen …

Ich nahm seine Hand und zog sie weg von meinem Oberschenkel. Er lachte. Und flüsterte mir ins Ohr: „Tatjana, ich wäre nicht so erfolgreich, wenn ich nicht alles, wirklich ALLES bekommen würde, was ich will." Am Ende des Satzes spitzte er seine Zunge zusammen und leckte kurz mein Ohrläppchen. In diesem Moment kam Oliver zurück. Er kannte offensichtlich die Situation und zog meinen Chef zu sich: „Lass uns nach Hause gehen. Es wird Zeit!" Irgendwie folgte er ihm und auch ich machte mich auf den Weg ins Hotel.

Am nächsten Tag war alles anders. Mein Chef rief mich zu einem 4-Augen Gespräch noch auf der Messe zu sich. „Umgehend", fügte er noch hinzu. Ich hatte ein ungutes Gefühl, folgte ihm aber. In einem Nebenzimmer setzte er sich mir gegenüber an einen Tisch:

„Tatjana, wir beide wissen, Du machst einen guten Job, doch momentan erlaubst Du Dir etwas zu viel. Ich habe mich gestern noch lange mit Oliver unterhalten und Dein Verhalten war absolut unangemessen …"

Ich wich seinen Blicken aus. Irgendwie war ich beschämt, obwohl das total verrückt war. Der Einzige, der sich hätte schämen sollen, war er! Er fuhr fort: „…ich werde noch einmal darüber hinwegsehen. Sollte dies noch einmal vorkommen … Du weißt, ich bin ein ehrlicher Mann, loyal, treu und verantwortungsbewusst.

Also, sollte dies noch einmal vorkommen, dann bleibt mir leider nichts anderes übrig als meiner Verantwortung nachzukommen und meine Kollegen über Deine Person in Kenntnis zu setzen. Nun, Dein Mann (?), Verlobter (?) sollte dies nicht verdient haben … meinst Du nicht?"

Es war eine verkehrte Welt. Ich saß perplex auf dem Stuhl und es schien so, als würde ER, gerade ER, mir den Kopf waschen … ich nickte einfach nur und ging. War das ein schlechter Scherz?

In den darauffolgenden Wochen und Monaten bekam ich regelmäßig passiv-aggressive Drohungen von meinem Chef und ich begann langsam, richtig Angst zu bekommen. Ich achtete darauf, dass ich nicht mehr die letzte war, die das Büro verließ und auch nicht die erste, die früh ankam. Manchmal wartete ich auf dem Parkplatz sogar, bis jemand anderes geparkt hatte und schloss mich der Person an, um gemeinsam ins Gebäude zu gehen.

Jetzt fragst Du Dich vielleicht, warum ich nicht einfach längst gekündigt habe!? Weil ich Angst habe. Der Mann ist in der Branche sehr bekannt. Ich habe Angst, dass das meine ganze Karriere und meinen ganzen Ruf zerstören könnte und da ist noch mein Vater. Mein Vater ist sehr streng und wie ich eingangs erzählt habe, bin ich sehr religiös aufgewachsen. Wenn mein Chef seine Ankündigungen wahrmacht und diese Geschichte meinem Verlobten oder meinem Vater erzählt, ich weiß nicht, was dann passiert ...

Ich plane und kontrolliere mein ganzes Leben, meine ganze Zeit, meinen ganzen Tag wegen dieses Mannes. Das muss aufhören!

Es kostet mich so viel Energie, so viel Kraft und all meine Motivation und Begeisterung. Stephy, ich will mein Leben und meine Zeit wieder zurück!"

In der Geschichte von Tatjana geht es um klare Fremdbestimmung. Aus Angst, ja auch hier ist es wieder Angst, tut sie Dinge, die sie eigentlich gar nicht machen will, plant sehr strikt ihre Zeit, um dem Chef aus dem Weg zu gehen und presst sich damit in ein Leben, das sie nie führen will.

Es macht ihr weder Spaß, noch lebt sie nach ihren Werten. Doch wurde sie gedanklich unter Druck gesetzt und ihr gegenüber hat ihr Chef seine Machtposition perfekt ausgespielt.

Es geht nun nicht darum, wie die Geschichte ausgeht oder warum sie ihren Chef nicht einfach angezeigt hat. Es geht vielmehr darum, deutlich zu machen, dass andere Personen unser ganzes Leben kontrollieren können, indem sie eine Art Abhängigkeitsverhältnis erschaffen.

Auch wenn, wie in diesem Beispiel, die Abhängigkeit eine Manipulation war, so kann eine Abhängigkeit beispielsweise auch entstehen, wenn in einer Beziehung nur eine der beiden Personen das Geld verwaltet und ggf. diese Position als Vorteil in einem Streit nutzt. Die andere Person wird somit (zumindest erst einmal) existenziell von dieser Person abhängig. Leider tritt eine Fremdbestimmung und das Nicht-Handeln nach eigenem Willen fast immer mit häuslicher Gewalt, Mobbing oder Manipulation auf.

Prüfe nun bitte, wenn Du oft „keine Zeit" hast, welche der drei Punkte am ehesten Deine Situation widerspiegeln und werde Dir bewusst: Mehr

IRRGLAUBE (LEBENS-) ZEIT

Geld kannst Du verdienen, niemals aber mehr Zeit generieren. Zeit ist das einzige, das wir verbrauchen, ob wir es nutzen oder verschwenden. Daher wähle weise, wie und für oder mit wem Du Deine Zeit verbringst. Denn Du verbrauchst die Zeit zu jeder Sekunde, auch jetzt gerade!

Wirklich erfolgreiche Menschen wissen das und sind sich darüber bewusst, dass Du Deine Zeit aktiv und bewusst nutzen solltest, um Dein Lebensziel und Deine Erfüllung zu erreichen. Investiere Deine Zeit! Fülle Deine Zeit mit Leben und zwar mit dem Leben, das Du Dir wünschst.

Für unser Leben spielt Zeit die wichtigste Rolle und das Allerverrückteste ist, dass wir den permanenten Glauben haben, dass wir keine Zeit hätten. Wir schieben Chancen auf und sagen: „Wenn die Zeit kommt" oder „Wenn ich mehr Zeit habe." Niemand wird Dir im Leben Zeit schenken.

Du wirst nicht eines Morgens aufwachen und Zeit bei Amazon bestellen können, auch wird es nie an Deiner Tür klingeln und Dir wird Zeit geliefert werden.

- » *Du allein bist dafür verantwortlich, ob Du Zeit hast.*
- » *Du allein bist dafür verantwortlich, ob Du Dir die Zeit nimmst!*
- » *Du allein bist dafür verantwortlich, über Deine Zeit zu entscheiden!*

Achte immer darauf: Am meisten stressen wir uns selbst. Wir hetzen von A nach B, weil wir uns sagen, dass wir keine Zeit hätten, und das Einzige, was passiert, ist, dass wir dadurch nun wirklich Zeit verlieren. Wir geben uns nicht die Zeit, um „Zeit zu haben".

Ändere dies, denn wer wirklich etwas ändern will, der muss Zeit haben, um Zeit zu investieren für das Leben, das er oder sie leben will.

ÜBUNG: Dein eigenes Zeitmanagement

Wenn Du häufig „keine Zeit" hast oder das Gefühl hast, die Zeit rinne Dir aus den Fingern, dann prüfe bitte, welcher der drei folgenden Punkte:

- » höhere Gewalt,
- » Deine eigene Planung,
- » ein Kompromiss (Fremdbestimmung)

am ehesten auf Dich und Deine Situation zutrifft.

Prüfe im Anschluss bitte, welche Aktivitäten Du heute ausübst, die Dir widerstreben und Dich absolut nicht an Dein Ziel bringen. Hinterfrage Dich, warum Du dies tust.

Häufig liegt in dieser Frage die Antwort darauf, was Dich momentan tatsächlich vom nächsten Schritt und damit von Deinem Erfolg abhält.

> **TIPP:** Es hilft, seine ganze Woche detailliert zu dokumentieren oder auch einen ganzen Monat, wenn Du viele unterschiedliche Dinge tust, um zu erkennen, was davon Du tatsächlich gegen Deine Werte machst.

ÜBUNG: DEIN TAGEBUCH

→ eigene Planung = mehr Zeitfenster für mich & meine Arbeit (Kindi)

Kapitel 21

WENIGER TUN, MEHR GEWINNEN

„Der Schlüssel zu Wohlstand, liegt nicht darin,
„beschäftigt" zu sein. Denn der kluge Geschäftstüchtige
kennt den Gewinn seiner Gedanken."

Stephy Beck

Irrtümlicherweise glauben die meisten Menschen, dass Freiheit und finanzieller Wohlstand etwas mit harter Arbeit zu tun hätten; damit, 24 Stunden und 7 Tage die Woche quasi ausgebucht und beschäftigt zu sein.

Und ehrlich gesagt habe ich das auch mal geglaubt!

Der Traum vom passiven Einkommen und die Vorstellung, jeden Tag ausschließlich ein sorgenfreies Leben voller Freude und Spaß zu führen sowie die Möglichkeit des „Nichtstuns" scheint der Mehrheit der Menschen nicht geläufig zu sein und im wahrsten Sinn zu schön, um wahr zu sein!

Und ja: Von nichts kommt auch nichts!

Du musst schon selbst in die Gänge kommen. Der Trick ist die Sache mit der Wirkung!

Erfolgreiche Unternehmer wissen, dass es nicht darum geht, mehr zu tun, sondern darum, die eigene Zeit und Energie in die wenigen, wirklich wichtigen und ergebnisorientierten Dinge zu investieren.

Überprüfe daher, ob Du einer der Menschen bist, die so mit ihrem „HANDELN" beschäftigt sind, dass sie glatt vergessen, einmal innezuhalten und zu reflektieren, ob die Dinge, die sie gerade so sehr unter Druck setzen und auf Trab halten, überhaupt etwas bringen.

Wenn Du schon allein bei diesem Gedanken an die (nicht vorhandene) freie Minute, die Du dafür aufopfern müsstest, schnaufst, dann stimmt etwas ganz gewaltig nicht.

Ich bin verblüfft, wie viele Kunden oft in meinen Seminaren sitzen und Aussagen tätigen wie:

1. *„Um die Sache mit dem Internetmarketing kümmere ich mich, wenn ich mehr Zeit habe!"*
2. *„Mein Business automatisiere ich, wenn ich Mitarbeiter dafür finde!"*
3. *„Ich weiß, die Digitalisierung ist wichtig, aber ich habe einfach keine Zeit und kein Budget dafür!"*

Wo liegt hier der Fehler?

Ganz ehrlich:

1. *Du wirst nicht plötzlich mehr Zeit finden als die, die Du Dir selbst erlaubst, Dir zu nehmen!*
2. *Im Idealfall brauchst Du künftig keine Mitarbeiter bzw. deutlich weniger oder an anderen Stellen mehr!*
3. *Und zu guter Letzt: Das Internet und das digitale Zeitalter warten nicht, bis DU aufgewacht bist und Zeit und Budget gefunden hast, Dich um Dein Business zu kümmern!*

Also die Sache mit dem „Sobald ich mehr Zeit habe …" funktioniert nicht! Und sie funktioniert tatsächlich NIE, außer dann, wenn wir ernsthaft in Not kommen – was ich niemandem von uns wünsche!

Zeit können wir nicht kaufen! Sie steht nicht irgendwann schön verpackt vor unserer Tür mit einem Zettelchen „Bitteschön: Ihre wohlverdiente MEHR-ZEIT!"

Zeit ist das einzige Gut, das unwiederbringlich vergeht, dass wir nicht steuern können und die auch passiert, selbst wenn wir uns nicht aktiv dazu entscheiden, sie zu benutzen. Zeit wird immer von uns konsumiert und ist das einzige Gut, das wir konsumieren müssen – und zwar jede Sekunde – tick, tack … Gehe daher bewusst mit Deiner Zeit um und schaffe Dir Zeit! Entscheide Dich ab heute, die Dinge in Deinem Business und Deinem Leben zu eliminieren, die Dich Deine wertvolle Zeit kosten!

ÜBUNG

1. Dokumentiere Deine „normale" (Arbeits-)Woche und zwar jeden Tag, jede einzelne Aktivität mit Dauer – jeweils am jeweiligen Tag. Nimm Dir 5 Minuten und reflektiere Deinen Tag.
2. Am Ende jedes Tages notiere Dir bitte hinter jeder Aktivität das Ergebnis.
3. Sei nun bitte ganz ehrlich zu Dir selbst und priorisiere die Aktivitäten in 3 Kategorien.

GELB: Markiere die Aktivitäten, die Dir Spaß gemacht haben und die mehr Deiner Unterhaltung dienten als dem Business. Die, wenn Du ganz ehrlich zu Dir selbst bist, unnötig waren für die Ergebnisse in Deinem Business.

BLAU: Markiere die Aktivitäten, die für massiven Gewinn sorgen, z.B. wichtige Kunden- oder Partner-Akquisen/-Pflege oder Deine Reputation stärken.

ROT: Markiere die Aktivitäten, die eine Dringlichkeit haben.

Tag 1:

Was mich nicht zum Ziel führt:

> Bücher lesen
> selber auf Insta hängen bleiben

Tag 2:

Was bringt mich am Ziel:

> Online Auftritt (Insta, Podcast,...)
> eigene Coachings
> Mindset = Chef im Kopf
> Automatismus einstellen
> Online Produkte
> Readings vorbereiten
> in HD eintauchen
> Übungen als PDF erstellen

Tag 3:

Tag 4:

Tag 5:

Tag 6:

....
....
....
....
....
....
....
....
....
....
....

Tag 7:

....
....
....
....
....
....
....
....
....
....
....
....
....

Nun nimm Dir die rot markierten Aktivitäten und schreibe bitte daneben, wie es zu dieser Dringlichkeit kam und wie Du dies beim nächsten Mal auflösen bzw. sofort verhindern kannst.

Bei dieser Übung geht es primär nicht darum, dass Du nun Dein ganzes Leben auf den Kopf stellst, aber es geht genau darum, Dein Bewusstsein zu schärfen, um bewusster und weniger inflationär mit Deiner Zeit zu haushalten.

Es geht darum, die richtigen Dinge zu tun, statt den Aktivitäten nachzugehen, die Dich permanent beschäftigen oder gar aufhalten.

Beschäftigung ist in vielen Situationen kein Fortschritt, sondern eine Ablenkung von den zielführenden Aktivitäten.

tolle Übung: Brief an dich selbst

WENIGER TUN, MEHR GEWINNEN

ÜBUNG: Der Brief an Dich selbst ...

„Am Ende meines Lebens ... "

Wir wissen oft, was wir wirklich wollen, doch sind wir uns selbst gegenüber zu feige, es ehrlich auszusprechen und anzunehmen.

Auch hier gibt es einen einfachen Trick, der allerdings nur dann funktioniert, wenn Du bereit bist, Dich darauf zu 100% einzulassen.

Schreib einen Brief an Dein Leben!

Und zwar am Ende Deines Lebens. Stell Dir vor, Du seist es, der auf der Bank säße und sich darüber bewusst sei, dass das sein letzter Ausflug ist.

- » Was hast Du erlebt?
- » Welches Leben hast Du gelebt?
- » Wer warst Du?
- » Und wen hattest Du um Dich herum?

Sei dankbar für die vielen wunderbaren Momente, die Du erlebt hast. Beschreibe mir jeden einzelnen, an den Du Dich erinnerst.

Welche Begegnungen, Menschen, Reisen und Meilensteine haben Dich in Deinem Leben geprägt und gibt es jemanden, der mit Dir auf der Bank sitzt? Was steht in DEINEM Brief an Dein Leben?

Versuche Dich nun in genau diese Situation hineinzuversetzen. Was Du Dir am Ende Deines Lebens von Deinem Leben ehrlich wünschst, unbedingt erlebt zu haben, das gibt Dir Aufschluss darüber, was Du wirklich willst!

DER BRIEF AN MEIN LEBEN

WENIGER TUN, MEHR GEWINNEN

ÜBUNG: Zieldefinition

Welche Ziele hast Du in Deiner Vergangenheit erreicht und was war der entscheidende Auslöser dafür?

Werde Dir bewusst, wie viele Ziele Du bereits erreicht hast. Es können Kleinigkeiten sein oder Dinge, die Dir früher sehr wichtig waren und die heute keine Rolle mehr spielen. Werde Dir bewusst, dass Du Ziele erreichen kannst und schau kritisch auf den Wendepunkt, nämlich den Punkt, an dem Du das Ziel erreicht hast.

Was hat sich damals verändert, durch was warst Du in der Lage, das Ziel zu erreichen?

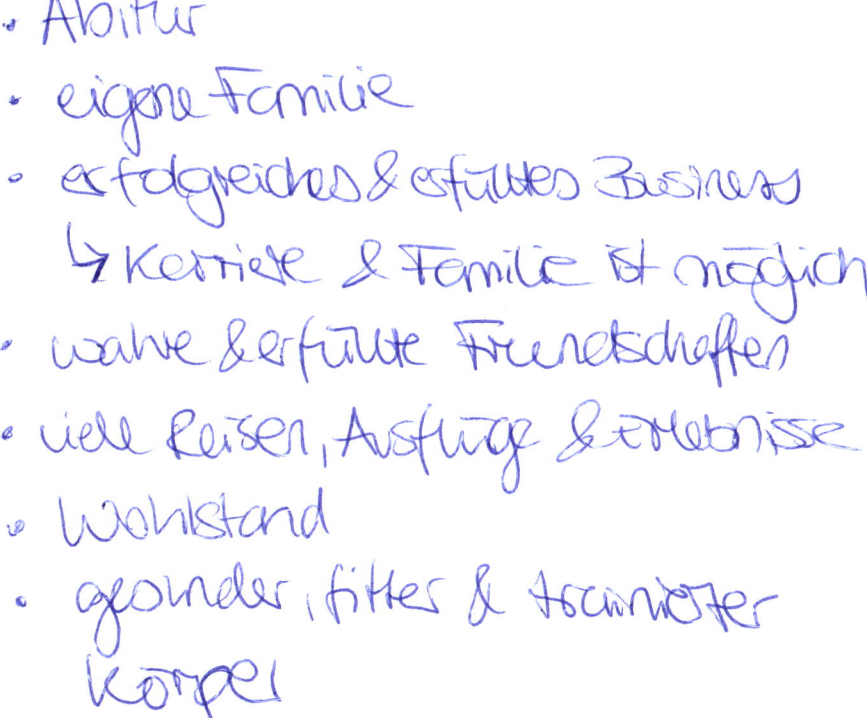

- Abitur
- eigene Familie
- erfolgreiches & erfülltes Business
  ↳ Karriere & Familie ist möglich
- wahre & erfüllte Freundschaften
- viele Reisen, Ausflüge & Erlebnisse
- Wohlstand
- gesunder, fitter & trainierter Körper

Kapitel 22

WAS DIE MEISTEN MENSCHEN VON IHREM GROSSEN ERFOLG ABHÄLT

„Die einzige Chance, ein Leben in Freiheit zu führen, ist es, sich seinen Ängsten zu stellen!"

Stephy Beck

*E*s ist das Kapitel, in dem die meisten Menschen aufgeben. Es ist der Grund, weswegen viele „scheitern", warum die meisten Menschen zu klein denken, anstatt zu versuchen, nach den Sternen zu greifen, nach dem scheinbar „Unmöglichen" zu streben ...

Tatsächlich ist es nichts Reales, was uns abhält, ein Leben in Erfüllung und Wohlstand zu führen. Es sind immer nur wir selbst bzw. unsere Angst, die uns wie ein Panzer abschirmt vor dem, was wir wollen ...

Die Angst ist mächtig.

Die meisten Menschen scheitern, weil Sie nicht durchhalten! Es liegt gar nicht am Marketing, am Geld, am Produkt oder an einer ungünstigen Zeit, es liegt (so hart das nun auch ist) einzig und allein an Dir selbst.

Wenn Du bist jetzt noch nie Erfolg hattest, dann nur, weil Du irgendwann irgendwo eingeknickt bist, weil Du nicht beharrlich genug warst, weil Du Dir selbst irgendwelche „Versager" oder „Ich-kann-das-nicht"-Geschichten erzählt hast, weil Du Dich von Deinem Weg hast abbringen lassen, weil DU ...

Viele fragen mich: „Stephy, wie hast Du das geschafft?" Es ist ganz simpel und trotzdem versteckt sich die Leichtigkeit hin und wieder hinter Aufgaben und Herausforderungen, die im ersten Moment schwer scheinen oder es tatsächlich für uns sind.

Glaub mir, ich kenne nur zu gut auch die andere Seite, ich weiß, wie schwer es sein kann, sich immer wieder und wieder selbst zu motivieren, sich immer wieder in die Spur zu holen, sich aufzuraffen, besonders dann, wenn Dein stärkster Zweifel in Deinem Kopf nagt und dich davon abhalten möchte, weiterzumachen, wenn eigentlich alles und jeder gegen Dich spricht.

Doch, ich weiß auch, mit wie viel Leichtigkeit Du Erfolg produzieren kannst, und ich bin unglaublich dankbar, dass ich mich getraut habe, dass ich immer weitergemacht habe und heute überglücklich mein Erfolgsrezept an so viele wunderbare Menschen weitergeben darf! Wenn Du mir vertraust, wenn Du mir gut zuhörst und umsetzt, was ich Dir empfehle, wirst Du mit Erfolg belohnt!

Stelle Dir mal vor, Du hättest keine Existenzängste mehr, weil das, was wir tun, wirklich funktioniert? Stelle Dir vor, Du verdientest Geld in Fülle und es würde immer mehr anstatt weniger. Stelle Dir vor, Du zögest die richtigen Menschen in Dein Leben, hättest erfolgreiche Kooperationen und glückliche Kunden. Und fühle Dich mal hinein: Diejenigen, die an Dir gezweifelt haben, fragen Dich plötzlich: „Wie hast Du das geschafft?"

Egal, welche schwachsinnige Story Dir jemand erzählt, egal, wer Dir sagt: „Das geht nicht, das kann nicht wirklich funktionieren …", ich sage Dir: ES GEHT!

Traue Dich, hinterfrage es nicht weiter, höre auf Deine Intuition und entscheide Dich! Niemand schenkt Dir Erfolg, aber wenn Du hungrig danach bist, ein Leben in Freiheit und Wohlstand zu führen, dann try and WIN! Und lass Dich nicht leiten von der Angst, die Dir niemand anderes nehmen kann als Du selbst.

#tryandWIN

Kapitel 23

DEINE BITTERBÖSE ANGST

„Aus lauter Angst verpassen viele
Menschen die größten Chancen ihres Lebens ..."

Stephy Beck

Zugegeben, dieses Thema ist mir wirklich unglaublich wichtig. Es ist ein wichtiges Learning, das über Deinen Erfolg oder Misserfolg entscheidet – nichts anderes.

Oft sind es nicht die Fähigkeiten, die Menschen von ihrer wahren Größe abhalten. Es sind nicht das Können, die Erfahrung oder die Expertise. Es ist Deine Angst, die Dich vom Weg abbringt, bzw. um es noch etwas deutlicher zu sagen: Es ist die Angst, von der Du Dich leiten lässt.

Deine Angst limitiert Dich in Deinem Handeln. Und Limitierung sorgt bekanntlich dafür, dass Du „klein gehalten wirst", dass Du Dich selbst klein hältst. Du weißt zwar im Grunde, dass Da eigentlich noch viel, viel mehr geht, aber letztlich traust Du Dich oft trotzdem nicht, Deine Komfortzone zu verlassen.

Angst ist für jeden Menschen ganz individuell, sie ist so eigen wie die unterschiedlichen Persönlichkeiten von uns.

Der eine hat Höhenangst, während der andere Angst vor Hunden hat. So unterschiedlich sich unsere Ängste nach außen zeigen, so unterschiedlich sind auch unsere inneren Ängste; das, was wir oft selbst gar nicht richtig in Worte fassen können…

Es fühlt sich an wie ein Gummiband, das Dich ständig wieder versucht zurückzuziehen.

Angst macht, dass Du nicht bereit bist, Deine vermeintlich sichere Komfortzone zu verlassen und damit bezahlst Du mit Deinem tatsächlichen Potenzial! Ist Dir das bewusst? Ist es Dir das wirklich wert?

Ich verrate Dir heute etwas: Auf jeder Stufe des Erfolgs ist die Angst Dein Endgegner, der Dir immer wieder und wieder begegnet und zwar jedes Mal, wenn Du wieder eine neue Komfortzone zu verlassen drohst. Je erfolgreicher, größer und stärker Du wirst, desto mehr Ängste musst Du lernen, zu überwinden.

Erfolgreich zu werden und auch zu bleiben, bedeutet, Deinen Umgang mit Angst kontrollieren zu können. Lerne, mit Deiner Angst umzugehen und trotzdem oder gerade deshalb dann erst recht weiterzumachen!!! Es gibt kaum eine wichtigere Lektion für Erfolg!

Ganz ehrlich: Ich bin nicht besonders mutig, auch kann ich nicht von mir behaupten, dass ich noch nie Angst gehabt hätte – ganz im Gegenteil: ich hatte oft Schiss!

„Was ist, wenn ich meine Eltern enttäusche?"

„Was ist, wenn es nicht funktioniert?"

„Was könnten andere denken?"

„Soll ich das wirklich machen?"

„Ich habe nicht genug Geld."

„Was ist, wenn ich versage?"

„Und was ist, wenn es funktioniert?"

„Werden mich die Menschen für verrückt halten?"

Was auch immer Deine leisen Stimmen Dir zuflüstern, schreib sie nieder, denn: Glaubst Du wirklich, Steve Jobs hätte das iPhone entwickelt, wenn er sich nicht seiner Angst und dem Zweifel gestellt hätte, dass es möglicherweise auch schiefgehen könnte?

Glaubst Du, Christoph Kolumbus hätte Amerika entdeckt, wenn er vor lauter Angst vor dem Ungewissen nie ein Schiff bestiegen hätte? Glaubst Du, unsere Welt hätte heute so viele wunderbare Geschichten, wenn jeder Mensch sich von seiner Angst hätte lenken lassen und aus lauter Angst sich lieber dem Stillstand gebeugt hätte?

Ganz sicher nicht!

Wenn Angst in Dir hochkommt, ist das Deine Emotion. Tatsächlich passiert in unserem Umfeld und der Außenwelt in diesem Moment aber rein gar nichts. Angst ist Dein Gefühl, Deine Wahrnehmung, keine Tatsache!

ÜBUNG: Stell Dich Deinen Ängsten!

Stelle Dir selbst mal diese drei Fragen und versuche, Dir darauf eine ehrliche Antwort zu geben:

1. Wenn Du Angst hast, Geld zu investieren, um voranzukommen, es aber aus Angst nicht tust – was passiert dann?
2. Wenn Du Angst hast, etwas zu verändern, etwas anders zu machen, mal einen anderen Weg einzuschlagen und es aus Angst dann eben nicht tust – was passiert dann?
3. Was ist die Alternative, wenn Du nicht handelst?

....
....
....
....
....
....
....
....
....
....
....
....
....
....

....
....
....
....
....
....
....
....
....
....

Richtig! Du lässt Deine Angst Dein Leben kontrollieren.

Wenn Du aus Angst nicht bereit bist, etwas zu verändern, gibst Du Dich folglich damit zufrieden, in der Angst zu leben, statt für Dich und das, was Du eigentlich willst, zu handeln. Natürlich braucht das hin und wieder mehr Mut, als man manchmal glaubt, aufbringen zu können, aber ist es das nicht vielleicht trotzdem wert?

DEINE BITTERBÖSE ANGST

Kapitel 24

DEINE ANGST IST VÖLLIG UNBEGRÜNDET

„In jeder Angst offenbart sich Dir eine Chance.
Denn Angst ist Dein größtes Wachstumspotential."

Stephy Beck

Wenn wir Neues wagen oder vielleicht sogar aktiv dazu gezwungen werden, etwas anders zu machen, entscheiden wir uns in diesem Moment, etwas zu tun, was uns aus unserer Komfortzone lockt.

Alles, was wir zum ersten Mal tun, tun wir mit einer bestimmten Ungewissheit und Unsicherheit. Und wahrscheinlich setzt Dich dies in besonders heiklen Situationen auch einem höheren Stresslevel aus. Das ist völlig normal!

Zu den Vorteilen eines sorgenfreien und nahezu furchtlosen Lebens gehören allerdings die folgenden Punkte, für die es sich lohnt weiterzulesen:

- » *niedrigeres Stressniveau*
- » *geringeres Risiko, an Depressionen zu erkranken*
- » *höhere Wahrscheinlichkeit, Krankheiten zu vermeiden*
- » *höhere Wahrscheinlichkeit für eine schnellere Genesung von Krankheiten*
- » *Fähigkeit, besser schwierige Situationen zu bewältigen*
- » *längere Lebensdauer*

Meistens jedoch schrecken wir zurück. Nur wenige Menschen sind wahrlich bereit, ein gewisses Risiko in Kauf zu nehmen und nur wenige sind einfach grundsätzlich von Natur aus furchtlos und mutig. Aber keine Sorge – es gibt zwei Zähne, die ich Dir hier heute ziehen muss…

Die gute Nachricht: Alles, was Du heute nicht kannst, kannst Du lernen! Es liegt einzig und allein in Deiner gedanklichen Macht und an Deinem Willen!

STORY:

Kinder sind Lebewesen, die allerhand Fähigkeiten haben, die sie im allerersten Schritt jedoch noch nicht nutzen können.

Kinder haben die Fähigkeit, eine ganze Sprache zu verstehen und sprechen zu lernen. Kinder haben die Fähigkeit, eine völlig neue „Sportart" umzusetzen: das Laufen! Kinder haben die Fähigkeit, Etikette zu lernen, sich gesellschaftlich zu integrieren.

Du warst einmal ein Kind! Du warst derjenige, der eine völlig neue Sprache von Grund auf gelernt hat. Du bist derjenige, der eine noch nie umgesetzte Sportart, das Laufen, gelernt hat. Du warst vielleicht auch derjenige, der, als er das erste Mal auf die Schaukel stieg und dem Himmel entgegenschaukelte, nach den ersten wenigen Metern auf den Boden stürzte, sich den Sand von den Knöcheln wischte und wieder Kurs auf die Schaukel nahm, um nur noch einmal mehr schneller und höher zu schaukeln, um die grandiose Aussicht zu genießen!

Wenn Du aufgegeben hättest, sprechen zu lernen, beim ersten Wort, das Du falsch gesagt hättest…Wenn Du beim ersten Sturz aufgegeben hättest, laufen zu lernen … Wenn Du nach dem ersten Fall aufgegeben hättest, zu schaukeln… Hättest Du wahrscheinlich viele Deiner schönsten Momente im späteren Leben nie erlebt oder sogar verpasst!

Was lehrt uns dies? Natürlich bist Du kein Kind mehr! Aber dieser Vergleich soll Dir ganz klar bewusst machen, dass Du als Kind viele Fähigkeiten hattest, die Du erst durch Umsetzung und Übung ausgeprägt hast und nun nutzen kannst!

Und der zweite Zahn, den ich Dir nun ziehen muss, ist die Sache mit dem Scheitern!

Scheitern ist kein Verbrechen – ganz im Gegenteil! Scheitere! Scheitere oft und schnell!

Wenn Du in ein neues Kapitel in Deinem Leben oder Business startest, dann sei bereit, zu scheitern. Akzeptiere die Niederlage und sei weniger hart zu Dir selbst!

Es ist in Ordnung, zu scheitern, ja, es ist sogar gut, zu scheitern! Denn: Wir Menschen lernen viel schneller durch das Scheitern. Wir lernen dadurch zügig, was nicht funktioniert und Du weißt: Wenn wir eine Herausforderung kennen, können wir uns dieser stellen!

Genau darum geht es hier! Es geht darum, zu erkennen, was nicht funktioniert, daran jedoch nicht zu verzagen, sondern wieder aufzustehen und etwas anderes auszuprobieren.

Das Leben ist Veränderung! Ohne Veränderung wirst Du ausschließlich die Ergebnisse erzielen, die Du bisher erzielt hast! Sei bereit für die Veränderungen! Die Veränderung ist ein wesentlicher Bestandteil für mehr Erfolg!

STORY: DAS KIND, DAS IMMER MUTIG IST UND SICH ALLES ZUTRAUT

Wie gesagt: Als Kind lernen wir zu krabbeln, aufzustehen und schließlich zu laufen – allein durch das Ausprobieren und das beharrliche und kontinuierliche Dranbleiben. Wenn wir als Kind scheitern, denken wir nicht: „Das werde ich nie schaffen. Darum bleibe ich lieber gleich hier sitzen und gebe auf." Nein, wir versuchen es, scheitern und versuchen es wieder! Als Baby ist es uns nicht peinlich, zu versagen. Intuitiv wissen wir, dass wir immer an diesem Platz sitzen bleiben würden, wenn wir nicht wieder aufstünden und es weiterversuchten – tatsächlich ist dies die einzig logische Option!

Das Interessante ist: Jedes Mal, wenn wir hinfallen und es wieder versuchen, jubeln die Menschen um uns herum. Sie strahlen über unsere Bemühungen und unsere kleinen Fortschritte, beglückwünschen uns und sind stolz! Und wenn ein Kind es mal nicht auf Anhieb schafft oder verzagt, dann ermutigen sie uns! Sie sprechen uns gut zu: „Du schaffst das!"

Doch dann geschieht etwas Seltsames: Wenn wir älter werden, wird das Scheitern inakzeptabel. Es wird nicht mehr gern gesehen und erst recht nicht toleriert. Wir bekommen Druck, Perfektion zu leisten und machen uns diesen Druck nach und nach selbst.

Wir selbst kommen nach und nach an den Punkt, an dem wir die Möglichkeit des Scheiterns lieber meiden oder gar vermeiden und uns stattdessen für die aktuelle Situation, unser gewohntes Umfeld mit überschaubaren Gefahren, entscheiden.

Wir glauben, uns damit in der uns bekannten Sicherheit zu wiegen, anstatt ein Risiko einzugehen und zu neuen Chancen aufzubrechen. Und die Krönung ist: Wir beschweren uns über die anderen, über all diejenigen, die so viel schöner, erfolgreicher, gebildeter, gesünder sind. Wir blicken neidvoll auf das Leben derer, die mutig sind, und wir wundern uns, warum wir nicht so viel Glück haben können. Ich kann Dir eine Sache garantieren: Ein glückliches und erfolgreiches Leben hat nichts mit GLÜCK zu tun und zwar genauso wenig, wie wir aus Glück laufen lernen oder wie wir aus Glück sprechen lernen! Es ist Arbeit! Es braucht Geduld und Beharrlichkeit! Es dauert und wir müssen bereit sein, den Sturz zu ertragen, wegzustecken, aufzustehen und einmal mehr stärker an unserem Vorhaben zu arbeiten!

Wir müssen bereit sein, uns von unseren Mustern zu lösen, uns unseren Ängsten zu stellen und unsere Sorgen loszulassen. Um im Leben wirklich erfolgreich zu sein, solltest Du das Scheitern willkommen heißen, selbst dann, wenn es Dir Angst macht!

Wenn Du Dir selbst das Versprechen gibst, immer das Bestmögliche zu geben, wirst Du, wenn es nicht funktioniert, Dir keine Schuld zuweisen und etwas Neues machen!

Und noch ein wichtiger Punkt: Du musst verstehen, dass das Wertvollste im Leben Deine ERFAHRUNG ist! Ein Scheitern ist eine Erfahrung, die Dich lediglich einen Schritt näher zu Deinem zukünftigen Erfolg bringt!

Herausragende Unternehmer, Sportler oder Helden der Geschichte haben uns genau das vorgemacht:

Richard Branson, Exzentriker, Milliardär und Gründer von Virgin Atlantic Airways, geht ständig Risiken ein, gründet quasi Firmen am Fließband, von denen er mehr oder minder den Großteil wieder schließt. Trotzdem oder vielleicht gerade deshalb gilt er in der Geschäftswelt als Vorbild. Er weiß, dass aus dem schnellen Scheitern der Erfolg entsteht – das beweist er immer wieder.

Michael Jordan, der berühmte Basketballspieler, hat einmal Folgendes gesagt: „Ich bin im Laufe meines Lebens und meiner Karriere immer und immer wieder gescheitert und deshalb habe ich Erfolg!" Der Anteil seiner erfolgreichen Korbwürfe liegt bei insgesamt 51 Prozent.

Wir brauchen Übung, wir brauchen die Umsetzung – auch für unsere Business-Vorhaben, und es ist ABSOLUT OKAY, wenn Du nicht direkt als geborener Experte startest! Das verlangt niemand von Dir!

Abschließend möchte ich Dir noch ein Zitat mitgeben. Theodore Roosevelt, der 26. Präsident der Vereinigten Staaten, sagte einst:

„Es ist weit besser, Großes zu wagen und prächtige Triumphe zu sammeln, auch wenn sie von Niederlagen begleitet werden, als sich unter die armen Seelen zu reihen, die weder von Freude noch von Leid wissen, weil Sie in dem grauen Zwielicht leben, das weder Sieg noch Niederlage kennt."

Ein letzter Hinweis: Pessimismus, Sorgen oder Ängste entstehen, wenn man sich nicht die Zeit nimmt, die Lage wirklich zu erfassen und neutral zu bewerten oder aber mögliche Gefahren in ihrer Realität weit überschätzt, sich gar hineinsteigert.

Um damit ein für alle Mal aufzuräumen, stelle bitte eine Liste von 10 Punkten zusammen, über die Du Dir zuletzt Sorgen gemacht hast. Dabei ist es völlig egal, welche Art von Sorgen dies waren, also ob Du z. B. dachtest, ausgelacht oder verspottet zu werden, oder Dich zu blamieren oder ob Du Dir Gedanken über Deine Kopfschmerzen oder eine kleine Wunde gemacht hast, die Du direkt als Hirntumor deklariert hast, oder ob Deine Sorgen finanzielle Ängste waren oder private bzw. partnerschaftlicher Kummer.

Schreibe einfach alles auf, was Dir in den Sinn kommt!

ÜBUNG:

10 DINGE, DIE DIR ZULETZT SORGEN BEREITET HABEN:

....
....
....
....
....
....
....
....
....
....
....
....
....
....
....
....
....
....
....
....

DEINE ANGST IST VÖLLIG UNBEGRÜNDET

Kapitel 25

ANGST VOR GELD

„Wer Geld nicht willkommen heißt, darf sich
nicht wundern, dass nicht kommt, was er begehrt."

Stephy Beck

Vorab: Sobald jemand sich nicht mehr in einem Zustand großer Armut befindet, ist das Glück so gut wie überhaupt nicht mehr an den Wohlstand gekoppelt. Geld sichert unsere Existenz, keine Frage! Mit Geld haben wir mehr Möglichkeiten und viele Dinge sind einfacher, trotzdem sollten wir bewusst verstehen, dass es nicht Geld ist, das uns glücklich macht, sondern die Möglichkeiten und Chancen, die wir uns mithilfe von Geld kaufen können!

Es gibt Millionen Gerüchte, Vorurteile und Meinungen zu Geld und Erfolg. Sicher kennst Du eine der folgenden Feststellungen / Meinungen oder Gerüchte:

> » *Geld ist die Wurzel allen Übels.*
> » *Geld wächst nicht auf Bäumen.*
> » *Die Reichen werden reicher, die Armen werden ärmer.*
> » *Zeit ist Geld.*
> » *Geld macht unglücklich.*
> » *Je mehr Geld, desto mehr Probleme usw.*

Meist eignen wir uns unsere Meinung über Geld gar nicht bewusst an, sondern übernehmen diese aus der Gesellschaft, aus unserer Erziehung oder aus unserer Umgebung. Wir übernehmen diese schlichtweg, ohne ihre Gültigkeit je zu hinterfragen, zu prüfen oder richtigzustellen.

Und manchmal halten uns diese Glaubenssätze unterbewusst davon ab, Geld zu verdienen und wir sabotieren unseren eigenen Erfolg unterbewusst! Das Verrückte daran ist, dass die meisten Menschen nach Geld streben, gleichzeitig jedoch mit Geld einen negativen Glaubenssatz verbinden – ob bewusst oder unbewusst.

Nun … Da Du hier bist, um unter anderem mehr Geld zu verdienen, mehr Geld in Dein Leben zu ziehen und in Reichtum und Wohlstand zu leben, bist Du vermutlich hier und liest diese Zeilen, weil Du etwas ändern möchtest.

Geld ermöglicht Dir in vielerlei Hinsicht den Durchbruch in Deinem Leben. Geld ist das Mittel, das Dir Freiheit verschafft und mehr Zeit für die Dinge, die Du Dir wirklich wünschst zu tun. Doch: Wie willst Du mehr Geld verdienen, wenn Du insgeheim Angst vor Erfolg und/oder Angst vor Geld hast?

Also widmen wir uns genau diesem Punkt. Denn für die weitere Umsetzung benötigen wir Dein sicheres Auftreten und das glasklare Bewusstsein dafür, Geld überhaupt empfangen zu wollen!

Deshalb konfrontiere Dich jetzt bitte mit Deinen unterbewussten Sorgen und Ängsten zum Thema Geld und Erfolg, die im Übrigen oft miteinander einhergehen. Nimm Dir Zeit und schreibe all Deine Glaubenssätze zu Geld auf, ganz gleich, ob diese positiv oder negativ sind. Was ist Deine Haltung zum Thema Geld?

Übrigens: Auch wenn Du diese Übung in Deinem Leben ggf. schon einmal gemacht hast, wiederhole sie erneut! Denn unsere Einstellung zu Dingen mag sich vielleicht ändern, doch meist haben wir immer noch Potenzial nach oben.

Also: Was ist Dein Glaube im Hinblick auf Geld?

Was sind Muster, die Du vielleicht übernommen hast und die Du, wenn Du ehrlich bist, nie wirklich hinterfragt hast?

Bitte notiere nun Deine Gedanken, Glaubenssätze und Deine Haltung zu Geld. Nimm Dir dafür genug Zeit, schreib jeden negativen Glaubenssatz zu Geld auf:

....

....

....

....

....

....

....

Was auch immer Du nun alles notiert hast, es gilt, dies unbedingt zu lösen! Denn: Wie willst Du mehr Geld verdienen, wenn Du dieses insgeheim ablehnst oder vielleicht sogar Angst davor hast? Ja, Angst!

Viele Menschen sind durchaus von dem Glauben überzeugt, dass sie Ablehnung, Neid und Missgunst erführen, wenn sie „viel Geld" besäßen. Auch das ist ein Glaubenssatz, der unbedingt wahrgenommen und korrigiert werden sollte.

Deshalb konfrontiere Dich bitte jetzt im zweiten Teil dieser Umsetzung ehrlich mit deren Auflösung dieser.

Ziehe dazu die oberen Glaubenssätze zurate und hinterfrage Dich:
a. Wie ist dieser Glaubenssatz entstanden?
b. Betrachte jeden einzelnen Glaubenssatz kritisch und frage Dich: „Ist das wirklich so?" Hast Du selbst negative Erfahrungen gemacht, die Dich tatsächlich zu dieser Annahme geführt haben?
c. Formuliere im Anschluss Deinen negativen Glaubenssatz in einen positiven Glaubenssatz um. Lies ihn Dir selbst laut vor und versuche ihn anzunehmen, indem Du Beispiele dafür findest, die diese positive Aussage stärken.

BEISPIEL:

Angenommen, Du hättest den Glaubenssatz „Geld verdirbt den Charakter". Du lehnst damit Geld unterbewusst ab, da Du der Überzeugung bist, dass viel Geld dazu führt, dass Du zwangsläufig ein schlechterer Mensch wirst.

Und das willst Du natürlich auf keinen Fall! Ganz wichtig: Dir ist das wahrscheinlich gar nicht so direkt bewusst und wenn Du das nun liest, denkst Du Dir vielleicht auch: „Ich habe zwar den Glaubenssatz, aber so denke ich nicht." Noch einmal: Es kann sein, dass Du so nicht bewusst denkst, ja! Aber dies ist ein unterbewusstes Gedankenmuster in Dir, das automatisch abläuft und dafür sorgt, dass Du Geld unterbewusst ablehnst.

a. Frage Dich bitte zuallererst: „Woher kommt der Glaubenssatz >Geld verdirbt den Charakter! Wer viel Geld verdient, ist geizig<? Hast Du diesen vielleicht oft in Deiner Kindheit von Deinen Eltern oder Großeltern gehört? Ist es vielleicht ein Glaubenssatz, der häufig in Deinem Freundeskreis, Deinem direkten Umfeld oder Verein kommuniziert wird?
b. Prüfe kritisch, ob das wirklich stimmt. Auch wenn Du der Meinung bist, dass sich der Charakter Deines Nachbarn, der im Lotto gewonnen hat, negativ verändert hat, kannst Du das wirklich ehrlich bewerten? Kennst Du ihn wirklich so gut? Und stelle Dir die Gegenfrage: Wie viele Menschen kennst Du, die viel Geld haben und sehr großzügig, liebevoll und mitfühlend sind und einen wirklich tollen Charakter haben?

c. Wir kennen privat viele wohlhabende Menschen, die sich für andere einsetzen, die Geld spenden, großzügige und wirklich herzensgute Menschen sind.

d. Formuliere den Glaubenssatz positiv um. Du könntest aus dem Glaubenssatz „Geld verdirbt den Charakter! Wer viel Geld verdient, ist geizig" folgende Sätze machen:

» Wer viel Geld hat, ist großzügig.

» Reiche Menschen sind glücklich(er), liebevoll(er) und großzügig(er).

Es ist sicher keine ganz einfache Übung und für jeden ganz individuell. Aber ich bin mir ganz sicher, dass Du mithilfe dieser Umsetzung unglaubliche Fortschritte in Bezug auf Dein Bewusstsein und auf Deine Geldgedanken machst. Damit hast Du die Chance, diese zu korrigieren und für Dich positiv umzuformulieren.

Viel Erfolg bei der Umsetzung!

ÜBUNG:

....
....
....
....
....
....
....
....
....
....
....

ANGST VOR GELD

ANGST VOR GELD

KAPITEL 26

ABSCHIEDSBRIEF AN DEINE ANGST (ERFOLGSTREPPE)

*„Angst ist immer ein Gefühl.
Keine Tatsache."*

Stephy Beck

Wenn wir über die Angst sprechen, kommen wir an unsere persönlichen Grenzen. Angst entsteht immer dann, wenn wir etwas Unbekanntes fürchten. Etwas das außerhalb unserer bisherigen Erfahrungen liegt und dessen Handlungsfolge wir nicht einschätzen können. Angst ist immer ein Gefühl. Keine Tatsache.

Mit der Erfolgstreppe möchte ich Dir eine Orientierung geben, denn ganz offen gesprochen werden wir Ängste in unserem Leben nie ganz eliminieren können. Das ist auch nicht unser Ziel. Es ist aber möglich, dass Du Deine Angst erkennst, entwaffnest und den „richtigen" Umgang mit ihr übst.

Die Erfolgstreppe also ist ein Zyklus, den wir tatsächlich in jedem Business (und sogar bei jeder Tätigkeit, die absolut außerhalb unserer Komfortzone liegt) durchlaufen. Im Wesentlichen besteht die Erfolgstreppe aus 5 Stufen:

Stufe 1: Recherche & Informationsbeschaffung

Stufe 2: Entwicklung eines ersten Tests

Stufe 3: Umsetzung

Stufe 4: Optimierung

Stufe 5: Wiederholung

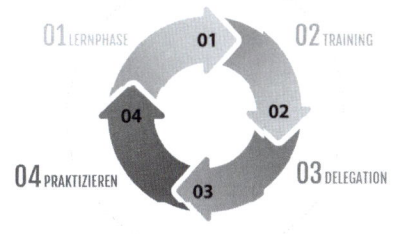

Bevor wir uns an ein Projekt oder ein Business wagen, mit dem wir nie zuvor konfrontiert waren, informieren wir uns also ausgiebig. Wir informieren uns über den Markt, über unsere Konkurrenz, wir informieren uns darüber, wie wir Kunden finden und wie wir das Produkt herstellen bzw. anbieten können. Dies passiert in Phase 1.

Sicher bist Du zum Start Deines Geschäfts, Deiner Selbstständigkeit oder Deiner beruflichen Karriere an einem ähnlichen Punkt gewesen oder vielleicht momentan sogar gerade mittendrin.

Nachdem wir also unser Grundgerüst aufgestellt haben, folgt in Phase 2 das „Training". Wir machen die ersten Schritte in dem, was wir künftig tun wollen. Darunter ist zu verstehen, dass wir in die Umsetzung kommen und das Gelernte ausprobieren, testen und trainieren. Wir veröffentlichen unseren ersten Produkt-Prototypen, machen die ersten Tests zum Produktverkauf und zur Annahme am Markt und sprechen im Idealfall mit unseren ersten Kunden, um ein Feedback zu erhalten.

Das ist eine besonders spannende Phase, denn hier entsteht aus einer Idee, die in Deinem Kopf gereift ist, Wirklichkeit.

In der Phase 3 kommst Du an den Punkt, an dem Dein Business wächst. Du lernst aus Deinen bisherigen Erfahrungen und den ersten Umsetzungen sowie aus der Reaktion Deiner ersten Kunden und bist in der Lage, die Aufgaben, die Dir keine Freude bereiten bzw. die Dich überfordern, an Experten zu delegieren.

In Phase 4 setzt Du die Stufen 1 bis 3 um.

Ganz wichtig: Diese Treppe endet nicht nach der vierten Stufe, sondern – ganz im Gegenteil – sie startet wieder erneut auf Stufe 1, dieses Mal lediglich auf einem neuen Level mit anderen Umständen und neuen Herausforderungen. Das signalisiert die Phase 5.

Im Übrigen ist dieser Kreislauf für jede Neuerung in Deinem Business zu beobachten. Wenn Du eine neue Marketing-Kampagne startest oder ein neues Produkt oder eine neue Dienstleistung auf den Markt bringen möchtest, so läuft der Prozess so oder so ähnlich ab:

1. *Du lernst und recherchierst den Markt / Dein Umfeld und beschaffst Dir alle relevanten Informationen.*
2. *Du wendest das Wissen aus Punkt 1 an, um konkret zu werden und einen ersten „Test" anzugehen.*
3. *Du setzt Deine Idee in die Wirklichkeit um.*

4. Die Optimierst und verbesserst aus der Praxis sichtbar gewordenen Verbesserungspotentiale.
5. Du wiederholst den Prozess.

STORY: DIE HERAUSFORDERUNG IST NUR EINE NEUE ETAPPE FÜR WACHSTUM

Halte mal kurz inne und führe Dir vor Augen, welchen Herausforderungen Du Dich in den letzten Monaten stellen musstest und was Du davon heute noch fürchten würdest. Genau darum geht es im Kapitel der Erfolgstreppe.

Jede Hürde, jede Herausforderung sorgt dafür, dass wir auf die nächste Stufe gehen können. Doch manchmal stellt sich eine Art Stagnation ein. Ich habe dieses bei vielen Unternehmen und Menschen beobachtet, denen es schon ganz gut ging, aber die nie den maximal möglichen Erfolg für sich erreicht haben.

» *Vielleicht hast Du das Gefühl, schon einiges richtig zu machen und nur noch wenige Stellschrauben drehen zu können?*

» *Oder Du stellst Dir selbst die Frage, wie Du Dein Business in den nächsten Jahren in dieser Geschwindigkeit weiterführen möchtest?*

» *Vielleicht bist Du schlichtweg auch einfach ausgelaugt und spürst tief in Dir, dass Du keine Kraft mehr hast, die Treppe nochmals zu durchlaufen?*

Zunächst gebührt Dir Respekt! Denn egal, an welchem Punkt der Treppe Du momentan bist, Du bist eine der wenigen Personen, die überhaupt begonnen haben, die erste Stufe zu gehen und ganz gleich, wie oft Du die Treppe bestiegen hast, Du warst mutig.

Du bist großartig, beharrlich und ehrlich zu Dir selbst!

Nun nimm Dir einige Minuten Zeit und notiere für Dich bitte, vor welchen Herausforderungen Du in den letzten 12 Monaten gestanden hast, was Du ehrlich gefürchtet hast und wovor Du schlichtweg Angst hattest oder immer noch hast.

Ganz wichtig: Ich habe die erfolgreichsten Männer getroffen, die behauptet haben, „furchtlos" zu sein. Doch nachdem sie das Wertehaus, die Erfolgstreppe und ihre persönlichen Ziele notiert hatten, war sie plötzlich da, die ANGST – die Angst, die die meisten Menschen vor ihrem ehrlichen und wahren Erfolg abhält; die Angst, die dazu beiträgt, dass wir an unserem eigentlichen Leben vorbeileben. Stell Dich ihr ganz bewusst und beantworte für Dich die folgenden beiden Fragen:

Frage 1: „Wovor hast Du Angst?"

Frage 2: „Was hält Dich vom ‚Mehr-Geld-Verdienen' ab?"

An dieser Stelle möchte ich Dir noch einen gut gemeinten Rat mitgeben: Unsere Angst ist tatsächlich unser größter Feind – viel größer als die eigentliche Herausforderung – vergiss das nie!

Die meisten Menschen sind dazu veranlagt, „den Teufel an die Wand zu malen". Auf eine absurde Art und Weise lieben wir Dramen, wenngleich wir es auch zutiefst verabscheuen. Warum das so ist, ist hier heute nicht mein Thema.

Doch sicher hast Du ähnliche Erfahrungen gemacht – in persönlichen oder beruflichen Situationen –, die im ersten Moment furchtbar aussehen und sich hinterher quasi von selbst auflösten oder als völlig harmlos entpuppten.

Die Zeit, die wir investiert haben, uns das schlimmstmögliche Szenario auszumalen, hätten wir uns ehrlich sparen können. Trotzdem passiert uns genau das immer wieder und wieder.

Ganz vereinfacht gesagt, weil wir Angst haben. Es ist ein persönlicher Schutzmechanismus, der uns davon abhält, unsere eigenen Grenzen zu überschreiten.

Denn Ängste sind, sofern sie Dich nicht tatsächlich in Lebensgefahr bringen, Grenzen, die Du Dir selbst in Deinem Kopf geschaffen hast.

Keine Angst ist eine Tatsache. Genau genommen existieren Ängste real nicht einmal, sie sind eine reine Fiktion in uns.

Also: Blicke Deiner Angst in die Augen! Konfrontiere Dich selbst mit Deinen Ängsten und schreibe einen Brief an Deine Angst!

Angst hält uns auf, trotzdem bieten wir ihr ein warmes Zuhause in unserem Kopf, Leben und Business. Fasse heute den Mut und tue den ersten Schritt, um Deine Angst zu lösen.

ÜBUNG: [Schritt 1]

Notiere Deine Ängste – so ausführlich und emotional, wie es Dir möglich ist:

....
....
....
....
....
....
....
....
....
....
....
....
....

ABSCHIEDSBRIEF AN DEINE ANGST (ERFOLGSTREPPE)

....
....
....
....
....
....
....
....
....
....
....
....
....
....
....

Wochen, Monate, Jahre oder gar Jahrzehnte hat Deine Angst in Dir verweilt, ja gelebt – sich von Dir und Deinem Zweifel genährt. So hart das jetzt auch ist: Du allein warst es, der Deiner Angst Unterschlupf geboten hat und sicher hattest Du eine wichtige Berechtigung dafür.

Aber:

Es ist Zeit loszulassen. Es ist Zeit, Deine Angst zu würdigen und sie ziehen zu lassen. Ein für alle Mal. Es ist Zeit, dass Du Deine eigenen Grenzen löst, Mut hast und Vertrauen!

Ganz gleich, was einmal war.

ÜBUNG: [Schritt 2]

Schreib Deinen Abschiedsbrief an Deine Angst:

....

....

....

....

....

....

....

....

....

....

....

....

....

....

....

....

....

....

....

....

....

....

ABSCHIEDSBRIEF AN DEINE ANGST (ERFOLGSTREPPE)

„Wer sich von der Angst leiten lässt, verfängt sich selbst in seinen furchteinflößendsten Gedankenszenarien, die eigentlich nie Wirklichkeit werden wollen."

Stephy Beck

Kapitel 27

REICHE MENSCHEN SIND BÖSE

„Wer zu viel Geld hat, wird verachtet und gleichzeitig begehrt. Wer zu wenig hat, wird bemitleidet, doch scheint das Herz am rechten Fleck zu haben. Deine Position zu Geld wählst Du immer selbst. Das Ergebnis damit auch."

Stephy Beck

Wusstest du, dass die meisten Sorgen, die meisten Konflikte – egal ob es in der Firma, der Familie, im Freundeskreis, in Deiner Partnerschaft oder mit Dir selbst ist mit Geld zu tun haben?

In den letzten Jahren konnte ich beobachten, dass sich Familien trennen, wenn es um Geld geht, dass die große Liebe niedergeschmettert wird durch die Sorgen, die Existenzängste, die das Geld in die Beziehung brachte.

Ich habe beobachtet, wie sich Vater und Sohn zofften, wie die Tochter der Familie verstoßen wurde, wie sich Kinder mit anderen stritten, wie Mobbing, Hass, Missgunst – getrieben und genährt vom Geld – plötzlich da waren.

Geld ist in 90% aller Streitigkeiten der tatsächliche Grund des Konfliktes und zwar zumeist, weil es in der Beziehung zu „knapp" ist. Wenn Geld ein Mangel ist, ist Geld ein Schmerzpunkt. Ein Schmerzpunkt macht uns angreifbar, verletzlich und ängstlich. Eigentlich ist es ganz einfach, wenn man es so betrachtet:

Wer zu viel hat, wird verachtet.

Wer zu wenig hat, bemitleidet.

Verrückt, oder?

Also in diesem Kapitel geht es um den größten Konflikt, um den eingekesselten Irrglauben unserer Gesellschaft: Es geht um GELD. Vorab: Sobald jemand sich nicht mehr in einem Zustand großer Armut befindet, ist das Glück so gut wie überhaupt nicht mehr an den Wohlstand gekoppelt. Wer Geld verstehen will – und das ist zwangsläufig notwendig, wenn Du mehr davon haben willst– , der sollte folgendes verinnerlichen:

» *Geld sichert unsere Existenz, keine Frage!*
» *Mit Geld haben wir mehr Möglichkeiten und viele Dinge sind einfacher, trotzdem sollten wir bewusst verstehen, dass es nicht Geld ist, das uns glücklich macht, sondern die Möglichkeiten und Chancen, die wir uns mithilfe von Geld ermöglichen, ja KAUFEN können!*

Es gibt Millionen Gerüchte, Vorurteile und Meinungen zu Geld. Darauf sind wir bereits sehr detailliert auf den vorherigen Seiten eingegangen.

Und so passiert es, dass wir ganz plötzlich nicht nach unseren eigenen Ansichten bezüglich Geld handeln, sondern nach denen, die wir übernommen, aufgebürdet oder die wir schlichtweg stumpf akzeptiert haben.

» *Das Fatale ist, dass uns diese unterbewussten Glaubenssätze davon abhalten, unseren eigentlichen Erfolg zu erreichen, das Geld zu verdienen, das wir wert sind, und so passiert es, dass wir uns quasi selbst sabotieren.*
» *Dabei stehen wir unserem eigenen Erfolg passiv, zuweilen ganz unterbewusst, im Wege!*
» *Das Paradoxe daran ist, dass die meisten Menschen nach Geld streben, gleichzeitig jedoch mit Geld negative Glaubenssatz verbinden – ob bewusst oder unbewusst.*

Wer mehr Geld, Reichtum und Wohlstand in sein Leben ziehen möchte, muss Geld, Reichtum und Wohlstand erst einmal willkommen heißen anstatt diese Werte permanent abzulehnen.

Oder würdest Du gerne in ein Haus einziehen, in dem Dich keiner mag und in dem Deine Existenz, Deine Berechtigung und Deine Wertigkeit ständig hinterfragt und kritisch beäugt werden?

Klingt einleuchtend, oder?

Nun... Da Du dieses Buch in den Händen hältst und bereits über zwei Drittel davon verschlungen hast, so vermute ich, dass es Dir auch um die Erreichung von finanziellem Wohlstand geht.

Und das hat etwas mit „mehr Geld verdienen" zu tun. Mehr Geld ermöglicht Dir mehr Wohlstand. Wohlstand ermöglicht es Dir, ein freies Leben zu leben, mehr Freiheit und mehr Zeit zu gewinnen! Ohne Geld ist das schlichtweg nicht möglich. Dieses Kapitel dient also dazu, Deine „Geldsorgen" und Ängste für alle Zeit aufzulösen.

Ich brauche für die weitere Umsetzung Dein sicheres Auftreten und Dein klares Bewusstsein dafür, Geld empfangen zu wollen!Deshalb konfrontiere Dich bitte jetzt mit Deinen unterbewussten Sorgen und Ängsten zum Thema Geld und Erfolg, die im Übrigen oft miteinander einhergehen. Nimm Dir dazu Ruhe und einige Zeit und schreib ausnahmslos jeden Deiner Glaubenssätze zu Geld auf, ganz gleich ob diese positiv oder negativ sind. Prüfe Deine Haltung zum Thema Geld!

(Denke bitte daran: Du machst das nicht für mich! Es geht hier um Deinen Erfolg, um Dein Weiterkommen und Wachsen!)

Übung:

....
....
....
....
....
....
....
....
....
....

Was auch immer Dein Glaubenssatz heute ist: Du hast genau jetzt die Chance, ihn zu korrigieren, denn was Du Dir wünschst, darfst Du „willkommen heißen"

REICHE MENSCHEN SIND BÖSE

KAPITEL 28

DEIN GROSSER DURCHBRUCH

*„Der Wendepunkte: Jetzt, genau hier, beginnt
die Magie des Neuen, Wachstum und Fortschritt
und der maximale unternehmerische Erfolg!"*

Stephy Beck

Wenn Du persönlichen als auch finanziellen Erfolg erreichen möchtest, musst Du Dir über Deine Position klar sein. In den letzten Kapiteln haben wir uns von der Klarheit über Deine Ziele, Träume und Wünsche, ja vielleicht sogar über den Sinn Deines Lebens, Dein wirkliches „Warum möchte ich das tun, was ich tun möchte" bis hin zu Deiner Angstbewältigung hingearbeitet.

Dir sollte an diesem Punkt des Buches daher klar sein, was Du im Leben – beruflich als auch privat – wirklich willst, was Du auf keinen Fall möchtest und was Dich momentan abhält, Dein Ziel zu erreichen, um Deinen Durchbruch umzusetzen.

Dieses Kapitel dient bewusst noch einmal einer Reflexionsphase, denn Deine Reise bis hierhin war intensiv, anspruchsvoll, vielleicht grenzwertig, manchmal verzweifelnd und am Ende ein Durchhalten! Gratulation!

Wenn Du das hier liest, hast Du Dich sehr stark mit Dir persönlich auseinandergesetzt und damit hast Du nicht nur Deine eigene Klarheit (zurück)-gewonnen, sondern auch den Grundstein für Erfolg in allen Lebensbereichen gelegt.

↳ für meine eigenen Produkte

CHECKLISTE:

In den bisherigen Kapiteln hast Du erkannt:

1. Dass die neue Zeit nicht auf eine strikte Trennung von Privatem und Beruflichem baut, sondern die Power des Erfolges in der Verbindung dieser beiden Bereiche und Deiner Selbstverwirklichung liegt.
2. Was Dein „Warum" ist und warum Du das tust, was Du heute tust.
3. Was in Deinen Augen „Erfolg" ist. D.h. ab wann Du Dich selbst als „erfolgreich" bezeichnest
4. Was Du in Deinem Leben für Ziele, Träume und Wünsche hast.
5. Wie wichtig Lebens-Ziele sind.
6. Dass Deine Klarheit über die privaten und beruflichen Ziele Deinen Erfolg lenken.
7. Was Deine persönlichen und beruflichen Werte sind und Du hast Dein Bewusstsein geschärft, danach zu leben.
8. Was Du im Leben ganz bewusst nicht (mehr) willst!
9. Wie wichtig es ist, achtsam, wertschätzend und bewusst mit Deiner Zeit haushalten.
10. Dass JEDER MOMENT einzigartig ist.
11. Was die meisten Menschen von Ihrem großen Durchbruch abhält. Woran es am häufigsten scheitert.
12. Dass Angst keine Tatsache ist.
13. Was Deine Ängste sind, die Dich bisher vom großen Durchbruch und Erfolg im Leben abgehalten haben.
14. Dich Deinen Ängsten zu stellen / Du hast Dich Deinen Ängsten gestellt.
15. Dass Du nicht scheitern kannst.
16. Wie Du Deine Ängste auflöst und damit ein bedeutendes Stück Freiheit gewinnst.
17. Was der Lauf des Erfolges ist.

18. Dass Angst Dein größtes Wachstumspotential ist.
19. Dass Du Deine Komfortzone immer und immer wieder erweitern kannst und darfst.
20. Dass Wohlstand nicht nur einen finanziellen Aspekt abdeckt, sondern einen materiellen als auch einen immateriellen.
21. Dass Geld nichts Böses ist.
22. Dass eine klare Position im Leben – sowohl beruflich als auch privat – Dir bei wichtigen Entscheidungen helfen kann.
23. Dass Erfolg Geschwindigkeit liebt.
24. Dass das einzige Scheitern wäre, es nicht zu machen!
25. Dass Du Geld liebst und mehr in Dein Leben ziehen möchtest.

So, nun sind wir hier angekommen. Wenn Du merkst, dass Du vielleicht an der ein oder anderen Stelle noch nicht so ganz 100% zufrieden mit der Überprüfung der 25 Punkte bist, lass Dir Zeit und spring gerne nochmals zurück in das jeweilige Kapitel.

Niemand hetzt Dich durch diese Seite und besonders, wenn es um Deine persönliche Weiterentwicklung geht, ist es völlig OKAY sich Zeit zu lassen und sich ganz bewusst diese Zeit zu nehmen und zu geben. Bearbeite dies in Deinem Tempo und wenn Du soweit bist, lies genau hier weiter.

Im letzten Teil dieses Buches möchte ich gemeinsam mit Dir auf den Grundstein Deines Erfolges eingehen. Es geht um das Thema POSITIONIERUNG.

braucht, um Kunden zu gewinnen, um wahrgenommen zu werden und um sich nachhaltig seriös zu etablieren.

Dasselbe trifft auch um Angestelltenverhältnis zu. Wer sich innerhalb des Unternehmens richtig positioniert, der wächst.

In den folgenden Kapiteln gewinnst Du einen ersten Einblick in das Thema Positionierung! Das Thema ist umfassend und weitreichend. Im Folgenden widmen wir uns dem Einstieg in ein Thema, das bei richtigem Einsatz Deine berufliche Laufbahn unglaublich antreibt. (Solltest Du bereits positioniert sein, so nutze die folgenden Kapitel zur Überprüfung Deiner eigenen Positionierung und der Wahrnehmung bei Deinen Wunschkunden.)

DEIN GROSSER DURCHBRUCH

KAPITEL 29

POSITIONIERUNG

*„Wer sich positioniert, bezieht Stellung.
Positionierung ist eine Grundvoraussetzung
für Wohlstand und setzt Deine persönliche
Klarheit zwangsläufig voraus."*

Stephy Beck

Wenn wir über das Thema Positionierung sprechen ist, mir eines vorab wichtig: Eine gute Positionierung entsteht nicht nur im Unternehmen, sondern mit dem Blick nach außen. ==Einer der wichtigsten Punkte innerhalb der Positionierung ist daher Deine Außenwirkung auf den Markt und Deine Wunsch-Zielgruppe.== Deine Zielgruppe und deren Wahrnehmung sind essentiell für Deine Positionierung.

Bis zu diesem Kapitel hast Du Dich bereits sehr intensiv mit Dir, Deinem Business, Deiner Klarheit, Deinen Wünschen, Zielen und Deinen Lebensträumen auseinandergesetzt. Du hast erkannt, dass es andere Wege gibt, das Leben zu führen, das Du Dir wünschst, statt 50 Jahre etwas zu tun, was Dich förmlich auffrisst, und Du Deine ganze Hoffnung auf die „Rente" setzt.

Wir leben in einer neuen Zeit. Noch nie war es leichter als heute, Dein eigenes Business erfolgreich zu machen und mit dem, was Du aus ehrlicher Begeisterung heraus tust, Geld zu verdienen. Natürlich braucht es ein bisschen mehr als „gute Gedanken". Der Schlüssel zum sichtbaren und finanziellen Erfolg ist Deine Positionierung.

Positionierung ist die Tür zu Wohlstand, wenn es um das Erreichen Deines ganz persönlichen Wohlstandes in materieller und immaterieller Hinsicht geht.

Es geht darum, dass Du Dich entscheidest. Im Grunde ist Positionierung nichts anderes, als sich in verschiedenen Bereichen bewusst zu entscheiden und dies gekonnt mit Konsequenz zu kommunizieren.

Eine gute Positionierung fordert von Dir, eine klare Business-Entscheidung zu treffen und diese im Idealfall so klar wie möglich an Deine absoluten (und genau definierten) Wunschkunden zu kommunizieren.

- » *Positionierung bedeutet, dass Du Dir über viele oder im Idealfall sogar alle Punkte in Deinem Leben bewusst und klar bist.*
- » *Positionierung bedeutet oder hat zum Ziel, dass Du Dich hinsichtlich eines bestimmten Themas committest (verpflichtest).*
- » *Positionierung bedeutet, dass Du klar weißt, wen Du mit Deiner Botschaft, Deinem Produkt oder Deinen Leistungen erreichen möchtest.*

> *Positionierung bedeutet, sich klar und interesseweckend auszudrücken.*

> *Positionierung bedeutet, dass Du eine Position, nämlich DEINE Position, in Deinem Business und Leben einnimmst und stets vertrittst.*

> *Positionierung ist der einzige Weg, um tatsächlich nachhaltig zu wachsen (zu skalieren).*

> *Positionierung = Skalierung*

In aller Komplexität, die Du Dir heute vielleicht zum Thema Positionierung ausmalst, ist eine simple Sache der entscheidende Hebel.

> *Positionierung bedeutet, sich zu entscheiden!!!*

> *Und: Positionierung ist am erfolgreichsten, wenn Du damit „rausgehst", es umsetzt, Dich zeigst und den Prozess bereit bist, immer und immer zu wiederholen.*

Positionierung ist ein Prozess. Es ist nichts, was Du einmal machst und was dann für immer in Stein gemeißelt ist.

> *Positionierung ist Dein Schlüssel zu Wohlstand!*

==Wenn Du Dich positionierst, tust Du damit im Grunde nichts anderes, als Deine Meinung, Deine Werte, Deine Expertise, Deine Klarheit, Zieldefinition und Entscheidungen nach außen zu kommunizieren und zu präsentieren.==

Jeder kann sich positionieren.

Genau genommen bist Du bereits positioniert. Lies dazu bitte das nächste Kapitel.

POSITIONIERUNG

Kapitel 30

DIE UNBEWUSSTE POSITIONIERUNG

„Du bist positioniert,
ob Du willst oder nicht."

Stephy Beck

Eine kurze Ergänzung, die enorm wichtig für Dein Verständnis und die Wichtigkeit zum Thema Positionierung ist. Wer glaubt, nicht positioniert zu sein, der irrt sich. Denn im Grunde ist jeder Mensch und jedes Business bis zu einem gewissen Grad bereits positioniert. Du bist also bereits positioniert, ob Du willst oder nicht.

Warum?

Fallbeispiel 1:

Sicher kennst Du jemanden in Deinem Freundeskreis, der aufgrund seines handwerklichen Geschicks häufiger um Hilfe gefragt wird als alle anderen, wenn es um Hilfestellung beim Möbelaufbau, beim Hausbau oder bei der Autoreparatur gibt.

Fallbeispiel 2:

Vielleicht kennst Du auch jemanden, der besonders gut backen kann und jedes Mal, wenn ein Kuchen für eine Geburtstagsfeier oder eine Hochzeit benötigt wird, bittet man diese Person.

Das ist ein einfaches Beispiel aus dem Alltag für eine unbewusste Positionierung. Wenn Dir jetzt sofort jemand eingefallen ist bei Fallbeispiel 1 oder 2, so steht diese Person im Fall 1 in Deinem Kopf für „handwerkliches Geschick", ohne dass ein aktives Zutun oder die Kommunikation der Positionierung dieser Person erfolgte. Im Fallbeispiel 2 ist es genau dasselbe, lediglich mit dem Beispiel des „Backens".

Die unbewusste Positionierung also haben wir uns selbst nicht aktiv ausgesucht, sondern diese hat sich über einen bestimmten Zeitraum, in dem wir unsere Fähigkeiten preisgeben konnten, etabliert bzw. in den Köpfen der Zielgruppe oder innerhalb des Marktes gefestigt.

Im Business ist das nicht anders. Es gibt Unternehmen, die nie aktiv über das Thema Positionierung nachgedacht haben, ihre Zielgruppe dennoch aber so klar ansprechen und überzeugen, dass sie so eine unbewusste Positionierung im Kopf der Zielgruppe haben. Jeder also ist positioniert. Selbst der, der seiner internen Meinung nach „alles" anbietet und auch für „alles" steht, wird in den Köpfen der Zielgruppe zu einem Thema besonders stark wirken. Er hat demnach weniger Einfluss darauf, was es genau ist wofür der Markt als positioniert sieht und kann dies entsprechend schwierig korrigieren oder für sich nutzen.

Vielen ist ihre unbewusste Position nicht bewusst. Wichtig aber ist, sich dieser unbewussten Positionierung klar zu werden, denn nur dann sind wir in der Lage, sie zu nutzen, zu stärken oder gar zu korrigieren.

DIE UNBEWUSSTE POSITIONIERUNG

Kapitel 31

DIE EINFACHHEIT LIEGT IN DER RICHTIGEN POSITIONIERUNG

„Wer sich positioniert, wählt den klügsten Weg, um konkurrenzlos und entschieden zu gewinnen."

Stephy Beck

Warum eine gute Positionierung Dein Leben so viel einfacher macht:

- » weil Positionierung all Deine künftigen Business-Entscheidungen so viel leichter macht,
- » weil Positionierung die Kunden, Mitarbeiter und Geschäftspartner anzieht, die Du Dir wirklich wünschst,
- » weil Positionierung ein klares Statement, eine Stellungnahme ist,
- » weil Positionierung Aufmerksamkeit schafft,
- » weil Positionierung dafür sorgt, dass Du überhaupt wachsen kannst,
- » weil Positionierung der einfachste Weg ist, mehr Geld zu verdienen
- » weil Positionierung begeistert!

Positionierung muss nicht schwer sein. Im Gegenteil! Ich persönlich vertrete, wie beschrieben, die Ansicht, dass in der Einfachheit oft der wahre Wert liegt.

Trotzdem erlebe ich es oft, dass Menschen fast daran zerbrechen, sich zu viele Gedanken machen und nicht bewusst positioniert aufgeben oder halbherzig irgendetwas starten. Und dann wundern sie sich, dass es nicht den großen Durchbruch gebracht hat.

Positionierung hat nur eine Wirkung mit der nötigen Klarheit und Konsequenz. Das sollte Dir bewusst sein.

Im Folgekapitel erfährst Du eine erste Schritt-für-Schritt-Anleitung, mit der Du in der Lage bist, Klarheit für Deine Positionierung zu bekommen und/oder Deine bestehende Positionierung noch einmal zu überprüfen!

Diese Anleitung soll Dir Inspiration und einen Anhaltspunkt bieten. Ich habe sie auf wenige Kernbereiche runtergebrochen und natürlich umfasst diese bei Weitem nicht alle Detailschritte der Positionierung, doch sie bietet Dir eine herausragende Positionierungs-Grundlage.

KAPITEL 32

DAS GEHEIMNIS EINER GUTEN POSITIONIERUNG

„Die Botschaft an Deine Zielgruppe entscheidet
über Langeweile oder kaufwillige Begeisterung."

Stephy Beck

Wenn es um das Thema Positionierung und ganz besonders auch um messbaren Erfolg geht, so gibt es eine wichtige Grundregel, die niemals fehlen darf: Die Kommunikation und direkte Ansprache Deines Wunsch-Kunden! Eine klare und idealerweise unmissverständliche Kommunikation mit Deinen Kunden ist der Turbo, der Dein Business zum Fliegen bringt. Eine glasklare Kommunikation dient immer einer Zielerreichung und setzt voraus, dass Du Dir über folgende 4 Punkte bewusst bist:

» SCHRITT 1: Was ist mein Ziel mit dieser Kommunikation an meine Zielgruppe?

» SCHRITT 2: Wer ist ganz konkret meine Zielgruppe (bewusstes Eingrenzen)?

» SCHRITT 3: Welches brauchbare Ergebnis liefere ich FÜR meine Zielgruppe?

» SCHRITT 4: Wie kommuniziere ich mein Ergebnis richtig, sodass meine Zielgruppe sofort den Mehrwert versteht und das Ziel erreicht wird.

Hinweis: Ich schreibe hier bewusst „Zielgruppe", denn hierbei handelt es sich noch nicht um Deinen Kunden. Solltest Du in einem Angestelltenverhältnis sein und Positionierung für den nächsten Karriereschritt anwenden möchten, so kannst Du „Zielgruppe" mit „Zielperson" austauschen.

Positionierung ist noch viel mehr als das. Doch in diesem Buch legen wir den Grundstein für Deine Positionierung und damit beschränken wir uns ausschließlich auf die oben genannten 4 Fragen.

Vorab: In den ersten Kapiteln haben wir uns Deinen Werten, Deinen Anti-Werten, Deinen Wünschen und Zielen genähert.

Du hast Dich mit Deiner Vision, mit Deinem Lebensziel, Deinem Umfeld und Deinen Finanzen auseinandergesetzt und Du hast einen Brief an Dich selbst geschrieben. Du bist Dir darüber bewusst geworden, welche Dinge Du heute tust, die Dich nicht zum Ziel bringen. Und Du hast Dich Deiner Angst gestellt, Dir bewusst gemacht, von wem oder von was Du Dich von Deinem Ziel abhalten lässt. Du hast alles erarbeitet, was Du für diese Kernfrage benötigst.

Nun nimm Deine Unterlagen dazu noch einmal zur Hand und gehe jeden einzelnen Punkt durch. Konzentriere Dich nun auf die konkrete und ausformulierte Beantwortung:

1. Mein berufliches Ziel ist es:

Hierbei geht es darum, was Du erreichen möchtest und wozu Du Deine Positionierung übergeordnet einsetzen möchtest. Es geht hier weniger um kurzfristige Ziele, sondern vielmehr um wesentliche Meilensteine. Z.B. mehr Wunschkunden gewinnen, mehr Umsatz erzielen, mehr Sichtbarkeit bekommen, eine Gehaltserhöhung erzielen, die nächsthöhere Karrierestufe erreichen, uvm.

- mehr Traumkunden
- mehr Umsatz
- mehr Sichtbarkeit bekommen

2. Meine Zielgruppe ist:

Hier geht es darum, zu erkennen, wer die Personen sind, die Du überzeugen musst, um Dein o.g. Ziel zu verwirklichen, z.B. wenn Du mehr Wunschkunden gewinnen möchtest, beschreibe hier im Detail, wer Dein Wunschkunde ist, wo sich dieser online als auch offline ‚aufhält' und wie Du diesen erreichen kannst. Oder, wenn Du beispielsweise eine Gehaltserhöhung anstrebst, überprüfe, wen Du überzeugen musst, um dieses Ziel zu erreichen.

Wunschkunde:
- zw. 20 - 30 Jahre

macht Sport, Yoga, Meditationen, oder andere Dinge außer nur Netflix, träumt von seinem eigenen Business, ist lustig, offen & investiert gern in sich selbst, ist auf Social Media (Instal.), über Insta.

3. Mein Produkt / Leistung / Angebot liefert für meine Zielgruppe den folgenden Mehrwert:

Hier geht es darum, dass Du Dir bewusst wirst, was kann ich tun, um meine Zielgruppe oder Zielperson neugierig zu machen, um deren Interesse zu wecken. Denn nur wessen Interesse und Aufmerksamkeit Du auf Deiner Seite hast, ist offen für einen Kauf bzw. bereit, eine Handlung auszuführen, die Deiner Zielerreichung dient.

- in sich & mit sich selber wohl fühlen
- sich selber besser zu kennen & daraufhin ein Leben zu erschaffen, was wirklich glücklich macht
- ein Leben, indem es leichter & in Fülle geht
- verstehen, wie sie bisher Leben erschafft haben & dadurch auch nun die Zukunft

4. Deshalb bin ich als Anbieter oder Angestellte/r die beste Wahl für meinen Zielgruppe:

- kenne all das, was tA in ihnen lebt bzw bin genau sehr empathisch
- begegne bewertungsfreie & lösungsorientiert
- eigene Transformation + Kinder
- Expertenwissen

Schritt 1 solltest Du bereits sehr intensiv in den vorderen Kapiteln bearbeitet haben und klar benennen können. In den folgenden zwei Kapiteln erfährst Du eine Methode zur Definition Deiner Zielgruppe und der zielorientierten Ansprache dieser.

DAS GEHEIMNIS EINER GUTEN POSITIONIERUNG

KAPITEL 33

DEINE ZIELGRUPPE

*„Ein rundum gutes Geschäft ergibt sich
immer dort, wo Sympathie, Vertrauen,
Fähigkeit und Geschick zusammenkommen."*

Stephy Beck

Zielgruppe

Unzählige Male ist es mir mit meiner Agentur passiert, dass wir für Markenkonzeptionen gebucht, in große Unternehmen eingeladen wurden und bei der Frage nach der ganz konkrete Zielgruppe – und damit meine ich NICHT: "Männlich; Zwischen 30 – 99 Jahre; Lebt in Deutschland" in fragende Gesichter blickte.

Es erstaunt mich wieder und wieder, wie wenige Unternehmen, Selbstständige und auch Angestellte ihren Kunden und Ihre Zielgruppe wirklich kennen. Wenn ich die Frage nach der Wunsch-Zielgruppe stelle, zielt diese nicht auf demografische Merkmale ab, sondern viel mehr auf Eigenschaften, Werte und Bedürfnisse, die die Zielgruppe hat.

Der Rahmen, den wir vielleicht irgendwann einmal in der klassischem Marketingschule gelernt haben, ist an vielen Stellen heute überholt. Heute und in der Zukunft geht es mehr denn je um Emotionen, Stories und der klaren Ergebnis-Kommunikation statt dem Anpreisen von Features / Produkt-Eigenschaften und Methoden.

Wer sich jetzt ertappt fühlt und die Frage nach der Wunsch-Zielgruppe vielleicht ähnlich beantwortet hätte, der darf nochmal in eine genauere Zielgruppen-Definition gehen.

Zu wissen, wen Du erreichen möchtest, wer Dein absoluter Wunsch-Kunde ist, ist die Basis für jede Kommunikation, jede Marketing-Aktivität und jede Positionierung. Wer sich wundert – auch trotz Marketing und Sichtbarkeit keinen messbaren ‚mehr Erfolg' zu generieren, der sollte seine Zielgruppen-Definition kritisch prüfen. Denn nur wenn Du Deinen Kunden kennst, verstehst und richtig anzusprechen weißt, erntest Du sein Vertrauen und gewinnst Ihn für Dich. Zur Hilfestellung Deiner Zielgruppen-Definition folgen einige Fragen und Anleitungsschritte.

Checkliste: Deine Wunsch-Zielgruppe

» *Schritt 1: Prüfe Deinen bestehenden Kundenstamm auf Wunsch-Kunden*

Frage Dich dabei, welche bisherigen Kunden weißt Du besonders zu schätzen und mit wem ist die Zusammenarbeit positiv, wertschätzend und lukrativ? Notiere Dir, was Du besonders an diesen Kunden magst, warum Sie Deine absoluten Traum-Kunden sind und welch Werte und Anti-Werte diese vertreten. (Solltest Du bislang noch keinen Kundenstamm haben oder noch ganz am Anfang stehen, kannst Du direkt zu Schritt 3 weitergehen.)

Aline
- Sofortzahlung, sportlich, humorvoll, vertraut, offen, will lernen

Maja
- sachlich offen, Eigenverantwortung wertschätzend, will lernen

Elli
- möchte wachsen, hat Visionen, Ziele

DEINE ZIELGRUPPE

» *Schritt 2: Prüfe Deinen bestehenden Kundenstamm auf No-Go-Kunden*

Vielleicht hast Du in der Vergangenheit einmal mit jemanden zusammengearbeitet, bei dem Du nach Beendigung der Zusammenarbeit froh warst, dass es ‚endlich' vorbei ist? Notiere Dir hier, was Dich besonders an diesen Kunden gestört hat, weswegen die berufliche oder auch persönliche Chemie nicht gestimmt hat und die Zusammenarbeit sehr schleppend und wenig freudvoll vonstatten ging. Werde Dir bewusst, welche Art von Kunden Du künftig nicht mehr möchtest und wie Du künftig eine Adressierung und Ansprache dieser Personen und Unternehmen bewusst vermeiden kannst. (Solltest Du bislang noch keinen Kundenstamm haben oder noch ganz am Anfang stehen, kannst Du direkt zu Schritt 3 weitergehen.)

Heiko

- *Klugscheißer*

Katharina

- *kommt nicht in Umsetzung*

> *Schritt 3: Hierzu bitte ich Dich, Dir die Umsetzungsübung aus dem Kapitel 17 ins Gedächtnis zu rufen und einige Seiten zurückzublättern. Genauso wichtig wie es für Dich und Dein Business war, Deine Werte und Anti-Werte zu erkennen, so gilt dies auch für Deine Wunsch-Kunden. Setze Dich daher nun ganz bewusst mit den Werten auseinander, die Dir in einer Kundenbeziehung wichtig sind.*

Erinnere Dich an das folgende Beispiel:

BEISPIELE: WERTE

Abenteuer	Gelassenheit	Schönheit
Anerkennung	✗ Gemeinschaftsgefühl	Selbsterkenntnis
✗ Anteilnahme	Gerechtigkeit	Selbstkontrolle
Aufrichtigkeit	Gesundheit	Sicherheit
Ausdauer	✗ Glauben	Spaß
✗ Authentizität	Glück	Spiritualität
Bescheidenheit	Harmonie	Stabilität
Besonderheit	Hilfsbereitschaft	Stärke
Bewusstsein	✗ Humor	✗ Tiefgründigkeit
Dankbarkeit	Innere Ruhe	Transparenz
Disziplin	Klarheit	Unvoreingenommenheit
✗ Ehrlichkeit	✗ Kommunikation	✗ Verbundenheit
Engagement	✗ Kreativität	✗ Vertrauen
✗ Freiheit	✗ Leidenschaft	Vielfalt
✗ Freundlichkeit	✗ Liebe	Weisheit
Furchtlosigkeit	Mut	Wissen
Führungsqualität	Persönliches Wachstum	Wohlstand
Geborgenheit	Positives Denken	uvm.

DEINE ZIELGRUPPE

WICHTIG: Bitte bearbeite die folgende Übung unbedingt alleine und in absolute Ruhe und Gelassenheit – ohne Hektik! Diese Übung hat das Ziel, Dir klar zu zeigen, auf was Du persönlich Wert legst und auf was Du auch bei Deinem Kunden achten solltest. Schlichtweg, was Dir wirklich wichtig ist und welche Eigenschaften Du meiden bzw. gegen die Du sogar eine regelrechte Abneigung hast. Bitte lese Dir nun die Liste der Werte durch. Streiche oder markiere die Werte, die Du sofort mit „JA" bestätigst und ergänze die Liste, sofern Dir ein Wert fehlt oder Dir Begrifflichkeiten dazu ergänzend direkt in den Sinn kommen! Hinterfrage sie erst mal nicht.

Es gibt keine Begrenzung von Werten. **Achtung:** Die hier genannte Werte-Liste ist ausschließlich ein Beispiel und nicht vollständig. Sie soll lediglich als Anhaltspunkt für diese Umsetzungs-Übung dienen.

WERTE, die mir wichtig sind:

Anteilnahme
Authentizität
Ehrlichkeit
Freundlichkeit
Gemeinschaftsgefühl
Glauben
Humor
Kommunikation
Kreativität
Leidenschaft
Liebe

Tiefgründigkeit
Verbundenheit
Vertrauen

DEINE ZIELGRUPPE

Wiederhole diese Umsetzung nun mit Deinen Anti-Werten, bezugnehmend auf Deine Kunden. Einige Beispiele als Anhaltspunkte sind folgend hier aufgelistet:

BEISPIELE: ANTI-WERTE

Abscheu	Ignoranz	Täuschung
Aggression	Isolation	Tod
Ängstlichkeit	Lautstärke	X Unehrlichkeit
Armut	X Misstrauen	Ungerechtigkeit
X Arroganz	Negative Gedanken	Unmoral
Druck	Neid	Untreue
Eifersucht	Oberflächlichkeit	Verschleierung
X Faulheit	Saumseligkeit	Zorn
Furcht	Schlechte Ernährung	Zwietracht
Gewohnheit	Schlechte Gesundheit	Zwietracht
Großspurigkeit	Schmerz	Zynismus
Hass	Sorgen	uvm.
Heuchelei	Stress	
Hysterie	X Sturheit	

Meine ANTI-WERTE, d.h. Werte, die ich zukünftig meiden möchte:

Arroganz
Faulheit
Misstrauen
Sturheit
Unehrlichkeit

Wenn Du nun die Liste mit den Werten und Anti-Werten vor Dir hast, sortiere diese nach der Wichtigkeit der einzelnen Werte für Dich persönlich und lege im Anschluss das Ergebnis für mindestens 24 Stunden zur Seite. Bitte prüfe die Liste nach einem Tag. Wenn Du immer noch damit einverstanden bist, lese weiter.

DEINE ZIELGRUPPE

» *Schritt 4: Definiere einen idealen Traum-Kunden-Avatar! Versuche, Deinen Wunsch-Kunden so genau es möglich ist zu beschreiben bzw. mittels Annahmen und Vermutungen konkret zu definieren:*

a. *Wo hält sich Dein Kunde auf? Wo lebt Dein Kunde? Z.B. Deutschland, Österreich, Schweiz oder lokal in einer bestimmten Stadt?*

b. *Richtet sich Dein Angebot an ein bestimmtes Geschlecht? (männlich, weiblich oder sowohl als auch)*

c. *In welcher Altersklasse befindet sich Dein Wunsch-Kunde? (z.B. zwischen 22 – 50 Jahre)*

d. *Was mag Dein WUNSCH-Kunde, welche Interessen hat dieser? (z.B. liest er oder sie bestimmte Bücher, gibt es Autoren oder Speaker auf diesem Gebiet, die Ihre Wunsch-Kunden wahrscheinlich ansehen oder anhören? Vielleicht gibt es auch Podcasts oder Magazine, die von großem Interesse für Deine Zielgruppe sind. Oder Sportarten, Automarken, Fachgebiete, die auf die fokussierten Wunsch-Kunden passen?)*

Kreiere nun eine fiktive Person, die ab heute Deinen Wunschkunden repräsentiert.

BEISPIEL:

Wenn Du beispielsweise als deutschsprachiger Trainer oder Coach für eine bestimmte Zielgruppe, z.B. Manager oder Führungskräfte im Personalmanagement, tätig bist und ein digitales Produkt, z.B. ein E-Book oder einen Videokurs, anbietest, dann ist Deine Zielgruppe in erster Linie nicht geografisch beschränkt.

In diesem Fallbeispiel ist Deine Zielgruppe im deutschsprachigen Raum anzutreffen, d.h. Deutschland, Österreich, Schweiz.

Dein Wunsch-Kunde ist in der Regel Angestellter in Führungsposition oder ggf. auch der Chef selbst, also „Gründer, Gesellschafterinnen,

Geschäftsführer oder Inhaberinnen" eines Unternehmens oder Personen, die in der HR bzw. Personalabteilung von Unternehmen arbeiten.

Nun, frage Dich, was diese Menschen interessieren könnte.

Tipp: Überlege, welche Bücher oder Pflichtlektüre gute Personaler oder gute Führungskräfte sehr wahrscheinlich lesen werden.

Vermutlich haben diese Menschen auch ein hohes Interesse an dem Thema Persönlichkeits- und Teamentwicklung. Vielleicht gibt es Messen oder Veranstaltungen, die häufig von Deiner Zielgruppe besucht werden bzw. die für diese relevant sind. Oder es gibt bereits sehr bekannte Buchautoren oder Speaker, die eine ähnliche Nische wie Du besetzen. Menschen, die an diesen Personen interessiert sind, haben vermutlich auch ein hohes Interesse an Deinem Angebot. Prüfe auch das. Denn all das sind Informationen, die helfen, ein genaueres Bild Deiner Person und den Bedürfnissen Deiner Wunsch-Zielgruppe zu beschreiben. Notiere diese Informationen unter die Rubrik „Interessen".

Nun frag Dich bitte, was definitiv Deine Zielgruppe nicht ist. Vermutlich erst mal alle Menschen, die jünger als 23 Jahre sind und ohnehin jeder, der noch in der Ausbildung oder der Schule ist, und Personen, die natürlich nicht in der Branche tätig sind.

DEINE ZIELGRUPPE

Dein WUNSCH-Kunden Avatar könnte somit wie folgt aussehen:

Name: Jürgen Müller

Allgemeiner Avatar:

Tätigkeit: Angestellter Personalleiter in einem mittelständischen Handwerksbetrieb

Tätigkeit: Angestellte in Führungspositionen, Gründer, Gesellschafter, Inhaber eines Unternehmens mit Mitarbeitern ab einer Unternehmensgröße von 15 Personen

Alter, Geschlecht:

42 Jahre, männlich

Alter, Geschlecht:

28-60 Jahre, männl. o. weibl.

Ort: Schweinfurt, Deutschland

Ort: Deutschland, Österreich, Schweiz

Interessen: Mitglied im lokalen Kegelverein, engagiert sich besonders für die Ausbildung von Jugendlichen

Interessen: Sehr gesellige Menschen, Interesse für Persönlichkeitsentwicklung und Führung, Menschentypen, ggf. Körpersprache, Verhaltensmuster

Messen/Events: Events zur Stärkung des Mittelstands

Messen/Events: Ggf. gibt es große Veranstaltungen im HR-Bereich

DEINE ZIELGRUPPE

KAPITEL 34

DAS BEDÜRFNIS MEINES ABSOLUTEN TRAUM-KUNDEN

„Wer weiß, was seine Zielgruppe am meisten begehrt und die richtigen Worte findet, um das Herz des Entscheiders zu treffen, gewinnt in 98% der Fälle treffsicher."

Stephy Beck

Was sucht Deine Zielgruppe in Verbindung mit Deinem Angebot? In dieser Fragestellung geht es darum, welches Ergebnis erwartet Dein Kunde im Idealfall von Deinem Angebot?

Viele Anbieter kommunizieren, besonders im deutschsprachigen Raum, über die Methoden, die technischen Features, die hochmoderne Technik, die Komplexität, statt sich ausschließlich auf die Problem-Lösung des Kunden zu konzentrieren.

Einer der wesentlichsten Bereiche innerhalb Deiner Positionierung gilt daher der bewussten Ergebnis-Kommunikation. Oft lese ich die schönsten Formulierungen und Kunden-Avatar-Ausarbeitungen, aber bei all dem hat der Anbieter vergessen, sich einfach schlicht und ergreifend einmal kurz in seinen Wunsch-Kunden hineinzuversetzen.

Mit diesem Kapitel möchte ich Dich daran erinnern: Jeder Wunsch-Kunde, egal ob Unternehmen oder Privatperson, fühlt und denkt wie ein normaler Mensch. Vergiss nicht, Dich mal auf die andere Seite zu setzen und alles kritisch zu hinterfragen.

Schmücke die folgenden Fragen aus:

Umsetzung:

1. Was ist wirklich das ganz konkrete Bedürfnis / Problem / Schmerz meines Wunsch-Kunden?

- Unzufriedenheit mit seinem Leben & mit sich selbst
- mehr Selbstvertrauen
- mehr Liebe & Anerkennung & Beachtung

2. Was erwartet (oder mehr noch: wünscht) sich mein Wunsch-Kunde im Idealfall von mir, meinem Angebot oder Produkt?

- erfülltes Leben
- mehr Selbstvertrauen, Sicherheit, Selbstbewusstsein, Selbstwertgefühl
- Bekräftigung des Wesens

3. Welchen direkten Mehrwert liefert Dein Angebot Deiner Wunsch-Zielgruppe?

- durch HO direkt optimale, erleichterte Lebensweise
- die Kraft des Manifestierens auch auf lange Sicht

4. Welches Wunsch-Ergebnis ist für Deinen Wunsch-Kunden am stärksten? Hinterfrage an dieser Stelle auch, ob Du dies wirklich leisten kannst oder was fehlt, um die Idealvorstellung Deines Kunden zu erfüllen bzw. zu übertreffen.

- mehr Selbstvertrauen, weniger Selbstzweifel
- größeres Selbstwertgefühl
  → Unabhängigkeit (in Beziehungen & sein Ding zu machen)

KAPITEL 35

DER RICHTIGE UMGANG MIT DEINER ZIELGRUPPE

„Wer ein gutes Geschäft machen möchte, weiß seine Stärken mit Worten zu zeigen und die Schwäche seines guten Gegenübers niemals auszunutzen."

Stephy Beck

Abschließend haben wir uns in den vorangegangen Kapiteln sehr bewusst Deiner Zielgruppe gewidmet, diese definiert und uns bewusst gemacht, was für Deinen Wunsch-Kunden für den Kaufabschluss wirklich wichtig ist. Im folgenden erfährst Du eine kurze Einführung in dem Umgang und die Ansprache Deines Kunden.

Unser gesamtes Leben ist ein Verkaufsprozess. Wir verkaufen tagtäglich, z. B.

- » *unserem Partner unser Wunschurlaubsziel,*
- » *unseren Mitarbeitern eine Änderung,*
- » *unseren Kunden unser Angebot,*
- » *usw.*

Viele Menschen glauben dabei, dass das Verkaufen schwer sei. Ich behaupte: „Nicht wenn Du richtig positioniert bist und klar kommunizierst!" Vor allem wenn du anders gedacht sowie anders gekonnt Deinen Wissensvorsprung einsetzt.

Sicher kennst Du die Situation: Du betrittst ein Geschäft und fühlst Dich sofort wohl, willkommen und es umgibt Dich eine angenehme Atmosphäre. Der Verkäufer kommt auf Dich zu, begrüßt Dich herzlich und zuvorkommend und irgendetwas in Dir sagt: „Mensch, der ist aber nett! Hier fühle ich mich wohl."

Ihr kommt ins Gespräch: sehr authentisch, ehrlich und absolut locker und frei. Du fühlst Dich gut beraten, gut aufgehoben.

DU FÜHLST DICH VERSTANDEN!

Vielleicht kennst Du sogar das Gefühl, dass manche Menschen so herzlich, so nett, so ehrlich sind, dass uns, selbst wenn wir gar nichts kaufen wollten, der Gedanke ins Hirn schießt: „Der ist ja so nett, bei dem will ich etwas kaufen!" Was passiert hier mit uns? Es sind zwei Dinge, die sich binnen Millisekunden in unserem Unterbewusstsein abspielen:

1. Wir prüfen, ob die Person gegenüber vertrauenswürdig, authentisch und ehrlich ist.
2. Wir ordnen die Person unterbewusst in sympathisch oder unsympathisch ein, was auch damit einhergeht, ob wir uns mit der Person identifizieren können oder nicht.

Das hört sich nun vielleicht im ersten Moment wahnsinnig kompliziert an, tatsächlich musst Du damit aber nur eine einzige Sache verinnerlichen:

VERKAUFEN GEHT GANZ EINFACH, WENN DU VERSTEHST, WIE DU SYMPATHIEN GEWINNST!

Die Frage ist: Wie gewinnst Du Sympathie und wie transportierst Du diese online? Denn schließlich gibt es Millionen Menschen. Jeder einzelne tickt unterschiedlich und es ist unmöglich, jeden einzelnen individuell anzusprechen.

Im direkten Gespräch können wir oft noch einlenken und ggf. die Mimik, Gestik oder Reaktion unseres Gegenübers einordnen und beeinflussen. Im Internet jedoch bekommen wir in der Regel kein Feedback und können auch nicht spontan auf Reaktionen eingehen oder reagieren.

Das heißt also: Online ist es umso wichtiger zu verstehen, wie Du Sympathien gewinnst und nachhaltig aufbaust!

Dies ist tatsächlich eine einfache Umsetzung, die viele Menschen, die sich online positionieren möchten und/oder im Internet ihr Angebot verkaufen wollen, nicht verstehen und erst recht nicht beachten!

WICHTIG: Überspringe dieses Kapitel bitte auf keinen Fall! Versteh es und berücksichtige dies bitte in Bezug auf Deine eigene Umsetzung und Deine Business-Anwendung.

Da wir nicht auf jeden einzelnen Menschen eingehen können, habe ich diese in die 4 wesentlichen Menschentypen eingeteilt. Dieses Modell basiert auf der Farblehre, die Dir vielleicht bereits bekannt ist und die wir im Folgenden verdeutlichen und veranschaulicht bearbeiten werden.

Da ich wie Du vielleicht auch ein sehr visueller Mensch bin, fällt es mir im Alltag und in der direkten Umsetzung leichter, an klare Bilder zu denken. Die 4 Menschentypen teile ich deshalb in meine 4Hs:

Hamster, Hase, Hund und Hengst!

DER HASE

Der Hase ist ein liebes, süßes Tier, das einen Platz in vielen Familien findet, sehr pflegeleicht ist und im Grunde niemandem zur Last fällt. Es ist ein geselliges Tier, das gerne unter vielen anderen Hasen ist. Er ist nicht laut und wagemutig, sondern eher gediegen und bequem.

So verhält sich auch dieser Menschentyp: Hasen sind in der Farblehre grüne Menschen: Menschen, die Bewahrer sind, konservativ, ruhig, wenig bis keine Wechselneigung haben, sehr geduldig, wartend und treu sind.

Es sind die Menschen, die sehr auf Familie und Freunde bedacht sind, absolut hilfsbereite Menschen, deren Bestreben es ist, in absoluter Harmonie und in Einklang zu leben; nette Menschen, die selbst ihr letztes Hemd für ihre Mitmenschen aufopfern.

Wenn der Hase einmal eine Entscheidung getroffen hat, bleibt er meist ein Leben lang dabei, d. h. wenn Du einen Hasen als Kunden hast, rechne mit einem langen Verkaufsprozess.

Der Hase braucht lange Zeit, um sich zu entscheiden bzw. auch um sich zu lösen, d. h. eine bereits getroffene Entscheidung zu verändern. Hier musst Du stark auf Beziehungsaufbau setzen und auf einer sehr persönlichen Ebene kommunizieren. Zusammengefasst solltest Du die folgenden Dinge unbedingt umsetzen und einige Handlungen vermeiden.

Do: SO GEWINNST DU DEN HASEN!

Die Sympathie des Hasen gewinnst Du ausschließlich damit, VERTRAUEN aufzubauen und sehr klar und authentisch und ruhig zu sein und viel Zeit in die Kommunikation zu investieren.

Der Hase will wissen, ob Du menschlich in Ordnung bist oder bloß ein heuchelnder, zwielichtiger Typ, der kein Interesse an der Person, sondern ausschließlich am Verkauf hat. Du solltest ihm die Gelegenheit geben, Vertrauen zu fassen und ihn auf keinen Fall in eine übertriebene Verkaufsshow aufdrängen. Dem Hasentyp darfst Du ausreichend Hintergrundinformation liefern.

Er wird keine sofortige Entscheidung treffen, verlange dies auch nicht von ihm. Im Gegenteil: Räume dem Hasen bereitwillig Zeit ein, sich für das Angebot zu entscheiden. Unterstütze ihn dabei und biete auch Hilfe und Support an.

Gib (falls möglich) ihm gegenüber etwas Persönliches von Dir preis und scheue Dich nicht, auch Schwächen offenherzig zuzugeben. Denn Selbstoffenbarung schafft Vertrauen und Verbindlichkeit.

Don't: DAS SOLLTEST DU IM UMGANG MIT HASEN VERMEIDEN!

Setze den Hasen bitte auf keinen Fall unter Druck!

Nimm ihm seine Angst und biete ihm mehrfach Deine Hilfe an. Mit einer Verknappung setzt Du den Hasen zu viel Risiko und Stress aus, dem er nicht standhält. Verwende daher im Verkaufsprozess für den Hasen keine zeitliche Limitierung, keine Verknappung, wenig Risiko und setz ihn keinen neuen Situationen aus. Der Hase setzt auf Sicherheit!

Marketing für den Kundentyp HASEN:

- » *Erwähne bekannte Qualitätssiegel und Zertifikate, dies vermittelt Sicherheit und wenig Risiko.*
- » *Betone eine Garantie oder ein Versprechen, um Vertrauen zu stärken.*
- » *Verwende Kundenstimmen, die im Idealfall auch Hasentypen sind. Der Hase vertraut auf Menschen (besonders auf die, mit denen er sich identifizieren kann) und stark auf die Meinung anderer.*
- » *Gib dem Hasen eine Option zurück bzw. lass den Hasen Dein Angebot testen bzw. kurzzeitig ausprobieren, falls irgend möglich.*

So gibst Du ihm die Sicherheit, sich mit dem Gedanken und der Entscheidung anzufreunden.

» Bring eine persönliche oder soziale Note in das Angebot an den Hasen. Sei kreativ!
» Gewinne den Hasen mit vielen glaubwürdigen Geschichten von Menschen, die Dein Angebot bereits nutzen.
» Nimm Abstand von Druck.
» Verlange auf keinen Fall eine sofortige Entscheidung von Hasen.
» Setz keine Verknappung oder Dringlichkeit ein.
» Betone nicht, dass Dein Angebot eine „Innovation" oder „noch nie dagewesen" sei. Das macht den Hasen eher kritisch und unsicher. Denn schlussendlich möchte er kein „Versuchskaninchen" sein.
» Der Hase will nicht der Erste sein, denn das bedeutet für ihn, dass er das Versuchskaninchen ist. Er will Sicherheit und ein erprobtes Angebot.

DER HAMSTER

Der Hamster ist forsch, erkundet alles, will alles so genau wie möglich wissen. Er schnuppert sich mit seinem feinen Gespür durch seine Umgebung und entscheidet für sich, wo er sich niederlässt. Der Hamster ist sehr eigensinnig und tut das, was ihm in den Sinn kommt. Von außen kann er wenig beeindruckt oder gelenkt werden.

So bzw. so ähnlich verhält sich auch dieser Menschentyp, der in der Farblehre nah an den sogenannten blauen Typen kommt. Der Hamster als Menschentyp ist gewissenhaft und stark analytisch veranlagt. Er ist vorsichtig, tastet sich an die Dinge / Aufgaben oder Angebote heran und hat ein Talent dafür, Dinge neutral abzuwägen. Sie sind sorgfältig, sehr genau und detailverliebt. Häufig wirken diese Menschen distanziert, zeigen wenig Gefühle nach außen und erwarten dies auch nicht von ihrem Gegenüber. In Wirklichkeit will der Hamster seine beruflichen von seinen privaten Zielen trennen und ist daher der Meinung, dass sein Privatleben auch nicht seine beruflichen Entscheidungen beeinträchtigen sollte. Er lässt sich nicht von Gefühlen leiten und ist der einzige Typus, der wenig bis kaum aufgrund von Emotionen kauft. Der Hamster kauft faktenbasiert!

Mit Vertrauensaufbau, netten Geschichten oder persönlichen Erlebnissen kommst Du im Verkaufsprozess bei einem Hamster nicht weit. Er will es konkret und zwar so genau wie nur möglich. Liefere dem Hamster, Zahlen, Daten, Fakten und fundiertes Hintergrundwissen und Informationen.

Gib ihm alle Kennzahlen, die er benötigt, um eine Entscheidung zu treffen. Versuch ihm auf keinen Fall etwas zu verkaufen bzw. ihn zu begeistern. Dies ist beim Hamster absolut fehl am Platz. Es artet sogar eher in das komplette Gegenteil aus. Stress entsteht bei diesem Menschen, wenn Du versuchst, eine persönliche Beziehung herzustellen, das heißt also: Ganz anders als im Umgang mit dem Hasen solltest Du es hier vermeiden, den Hamster über seinen letzten Urlaub oder seine Hobbys auszufragen. Damit wirst Du sehr wahrscheinlich scheitern. Versuche Dich der Kommunikation des Hamsters anzupassen: distanziert, sachlich, faktenorientiert und auf einer absoluten neutralen Sachebene.

Do: SO GEWINNST DU DEN HAMSTER!

Beim Hamster brauchst Du nicht auf Sympathiepunkte hoffen oder in lange, persönliche und vertrauensvolle Erzählungen investieren. Der Hamster will klare Zahlen, Daten, Fakten, sachlich, nüchtern, ohne Deine persönliche Meinung, d. h. neutral und wertfrei. Beim Hamster kannst Du mit nachweislichen Dokumenten, wie z. B. TÜV oder ISO-Zertifikaten o. ä. überzeugen. Biete dem Hamster eine Chance, Dein Angebot analytisch, klar strukturiert und auf den Punkt gebracht zu analysieren. Er will wissen: Was habe ich davon, wenn ich mich für das Angebot entscheide und WIE FUNKTIONIERT ES?

Es muss für den Hamster klar nachvollziehbar sein. Mit schwammigen Aussagen kann dieser nichts anfangen und wird eher misstrauisch, dass es überhaupt funktioniert.

Don't: DAS SOLLTEST DU IM UMGANG MIT DEM HAMSTER VERMEIDEN!

Der Hamster ist kritisch, genau und braucht seine Zeit, die Angebote ausgiebig zu prüfen und für sich selbst zu entscheiden, ob dies für ihn das Beste oder die richtige Entscheidung ist oder eben nicht. Er ist kein emotionaler Kunde und zählt eher zu der Sorte der sogenannten „Erbsenzähler" oder „Kleinkarierten".

Mit einer Verknappung oder emotionalen Erzählungen setzt Du den Hamster unter Stress und Druck. Da dies dem Hamster absolut widerstrebt, wird er so keinen Kauf abschließen. Auch kannst Du Dir die Zeit für aufwendige Kundenstimmen zur Überzeugung des Hamsters sparen. Er lebt in seiner eigenen Realität, ist wenig fremdgesteuert und muss sich quasi selbst überzeugen. Was andere sagen, interessiert ihn meist wenig. Vorsicht: Dieser Kundentyp nimmt es sehr genau! Er prüft ganz genau, ob das, was Du ihm erzählt oder versprochen hast, auch tatsächlich GANZ GENAU SO eintrifft.

Er hat in der Regel kein Verständnis für Abweichungen und Du musst Dich sehr genau erklären, wenn es zu Abweichungen oder Unstimmigkeiten (aus seiner Sicht) kommt. Der Hamster hat eine sehr niedrige Toleranzgrenze und ist daher häufig ein schwieriger Kundentypus.

Wenn er sich einmal entschieden hat, neigt er wenig dazu, zu wechseln, d. h. der Hamster ist ein treuer Kunde. Dies heißt aber nicht, dass er Dir vertraut. Er wird immer wieder ihre Kompetenz oder Leistung prüfen und unter die Lupe nehmen.

Marketing für den Kundentyp HAMSTER:

» *Breche Dein Angebot auf Zahlen, Daten und Fakten herunter.*
» *Klare, sachliche und faktenorientierte Kommunikation.*
» *Fundierten Quellen und Nachweise.*
» *Garantie, Versprechen und Siegel.*
» *Erläutere dem Hamster sachlich neutral und nachvollziehbar, welche Ergebnisse oder Vorteile er hat, wenn er sich für Dein Angebot entscheidet.*

- » *Geben Sie ihm Raum, dies selbst nachprüfen und logisch nachvollziehen zu können.*
- » *Lass Deine eigene Meinung außen vor (!) Sätze wie „Ich persönlich …" oder „Meiner Meinung nach …" sind in der Konversation mit dem Hamster zu vermeiden.*
- » *Vermeide Verkaufsfloskeln.*
- » *Nimm Abstand von emotionalen Ausschweifungen.*
- » *Kommuniziere weder Persönliches noch Emotionales über Dich und verlange dies auch nicht von Deinem Hamster-Gegenüber.*
- » *Setze ihn nicht unter Druck!*
- » *Erkläre ihm auf keinen Fall: „Das ist das beste Angebot!" Der Hamster bewertet selbst, was „DAS BESTE" ist.*
- » *Verknappung oder zeitliche Limitierungen funktionieren in der Regel bei diesem Menschentyp nicht, außer er kann es klar nachvollziehen und Du erläuterst Schritt für Schritt, weshalb dieses Angebot nur in wenigen Auflagen verfügbar ist bzw. eine zeitliche Limitierung hat.*
- » *Kundenstimmen, aufwendige Testimonials oder Erfolgsgeschichten kannst Du Dir bei diesem Menschentyp weitestgehend sparen. Er muss sich selbst überzeugen.*

DER HUND

Der Hund ist beliebt, fröhlich, optimistisch, begeistert und ist manchmal laut. Hunde sind sehr gefühlsintensiv und haben eine besondere Ader, Angst oder Freude ihres Gegenübers zu spüren.

Der Hund ist das beliebteste Tier der Deutschen und Freund vieler Menschen. Hunde sind leicht zu begeistern und drücken ihre Freude und Emotion deutlich aus. Sie gehen auf Erkundungsjagd, lieben Abenteuer und begeistern sich gerne für Neues.

Der Hund ist gesellig und liebt Kommunikation bzw. sich bemerkbar mitzuteilen und auszudrücken. Manchmal sind sie fast schon zu aufgedreht und wissen nicht, wann Schluss ist. Hunde verlassen sich auf ihren Instinkt, sind sehr intuitiv und gefühlvoll.

Ähnlich verhält sich der Menschentyp, der dem Typus Hund und in der Farblehre annähernd dem gelben Typen entspricht. Menschen, die dem Hund entsprechen, sind absolute Optimisten / Sonnenmenschen. Sie sind enthusiastisch, umgänglich, äußerst redegewandt und überzeugend.

Außerdem vermitteln sie ihrem Gesprächspartner stets ein gutes Gefühl, Vertrauen und eine Art Leichtigkeit in allem, was sie tun oder sagen. Hunde verstehen es buchstäblich, die Sonne vom Himmel zu holen und ihr Gegenüber mit ihrer Begeisterung anzustecken.

Sie sind mutig und absolute Hoffnungsträger, häufig Menschen, die sehr aufbauend und motivierend sind. Stress entsteht bei diesem Menschen, wenn sie sich in ihrer Flexibilität und Spontaneität gebremst sehen oder zu geringe Einflussmöglichkeiten wahrnehmen. Die Anerkennung und Wertschätzung der eigenen Person sind Hunde-Typen sehr wichtig. Ebenfalls wichtig ist, dass er in den Prozess mit einbezogen wird, dass Du auf seine Meinung Wert legst und er quasi auch seine Gedanken, seine Geschichte zum Ausdruck bringen darf.

Hunde-Typen sind Menschen, die von der Kommunikation leben. Du darfst und solltest diese daher aktiv miteinbeziehen und nicht im Monolog einen Vortrag nach dem nächsten halten.

Do: SO GEWINNST DU DEN HUND!

Lass den Hund bellen! Das heißt, beziehe den Hund stark in den Verkaufsprozess ein. Wertschätze ihn und seine Meinung. Sei höflich, anerkennend und dankbar. Der Hund will unterhalten wer-den. Er liebt die Show und will von Deinem Angebot wahrlich begeistert werden. Der Hund ist ein rein emotionaler Käufer, den Zahlen, Daten, Fakten und alles, was der Hamster liebt, herzlich wenig interessiert.

Der Hund ist schnell, neugierig und wenn Du ihn für etwas begeistern kannst, auch schnell Feuer und Flamme. Doch Vorsicht (!), dadurch hat der Hund auch eine hohe Wechselneigung und Du solltest mit ihm stets in Kommunikation bleiben, wenn Du den Hund als langfristigen Kunden halten möchtest.

Der Hund als Menschentyp probiert gerne Neues und Innovatives aus. Er geht durchaus auch ins Risiko und probiert Produkte oder Angebote als Vorreiter aus. Um den Hund zu überzeugen, brauchst Du keine Zertifizierungen, schwierige Formulierungen oder Detailwissen. Der Hund will unterhalten und begeistert werden und vertraut auf authentische Geschichten oder das Feedback / die Bewertungen von anderen Hunden. Teile mit dem Hund persönliche Geschichten und frage ihn nach seinen Erfahrungen und seiner Meinung. Beziehe ihn aktiv ein!

WICHTIG: Wenn der Hund zufrieden oder sogar begeistert von Deinem Angebot ist, ist er auch derjenige, der gerne ein Testimonial macht und das Angebot an weitere Hunde weiterempfiehlt. In die Kundenbeziehung zu einem Hund zu investieren, lohnt sich daher häufig auch für weiteren Erfolg bei Hunden.

Don't: DAS SOLLTEST DU IM UMGANG MIT HUNDEN VERMEIDEN!

Langweile den Hund auf keinen Fall! Der Hund schaltet ab, wenn es ihm zu trocken, zu langweilig oder zu analytisch wird. Wenn Du also einen Monolog führst und wenig Interaktion oder Aktion vom Menschentyp Hund forderst oder diesen gar überhaupt nicht emotional berührst, verschwindet der Hund so schnell, wie er gekommen ist. Der Hund will zu Dir eine persönliche Beziehung aufbauen und auch seine Erlebnisse und Erfahrungen mit Dir im regelmäßigen Austausch teilen.

Marketing für den Kundentyp HUND:

- » *Begeisterung, Show*
- » *Teilen von emotionalen Erlebnissen*
- » *Online: Hol Dir gedanklich die JAs beim Hund ab. Verwende dazu z. B. einleitende Sätze wie „Stell Dir vor…" oder „Vielleicht hast Du etwas Ähnliches erlebt, wie…" oder „Kennst Du das? …".*

- » *Fokussiere Dich auf Storys, Geschichten, die der Hund nachvollziehen kann und die ihn begeistern.*
- » *Verweise auf eine Gemeinschaft / Community – der Hund liebt Geselligkeit.*
- » *Meide trockene, langweilige Fakten.*
- » *Mach dem Hund ruhig Druck!*
- » *Hier kannst Du im wahrsten Sinne des Wortes in die Vollen gehen: Verknappe Deine Angebote, z. B. durch eine zeitliche Begrenzung, eine limitierte Auflage oder ein absolutes Spezialangebot.*
- » *Verlange vom Hund eine schnelle Entscheidung! Er kann damit umgehen, auch wenn er ab und an das Gegenteil behauptet.*
- » *Auf Zertifikate, Siegel oder Quellenverweise legt der Hund wenig Wert.*
- » *Er verlässt sich auf Empfehlungen anderer, nutze daher in Deiner Onlinepräsenz für den Hund unbedingt Testimonials, Fallbeispiele und Bewertungen.*
- » *Den Hund gewinnst Du nicht, indem Du ihm Details präsentierst.*
- » *Er will DIR als Person oder dem Unternehmen vertrauen und ein gutes, positives Gefühl vermittelt bekommen.*

DER HENGST

Der Hengst ist schnell, elegant, manchmal eigensinnig und starrköpfig. Er ist unbeirrt, der Vorreiter und das dominanteste Tier in unserer Aufzählung.

Der Hengst lässt sich ab und an zähmen und leiten. Meist jedoch ist es ein Tier, das seinen eigenen Pfad geht und durchaus auch gut allein zurechtkommt. Der Hengst braucht im Vergleich zum Hund oder dem Hasen keine Kuscheleinheiten.

Er findet sich nahezu überall zurecht und ist ein wahrer Überlebenskünstler. Trotzdem liebt es der Hengst, umgarnt, gelobt und angehimmelt zu werden. Menschentypen, die dem Hengst entsprechen, sind häufig starke Führungspersönlichkeiten, die sich schnell und sehr deutlich entscheiden.

Der Hengst ist fordernd, willensstark und äußerst ziel und praxisorientiert. Sie wissen genau, was sie wollen. Hier gilt: Vermeide es, die Zeit Deines Gesprächspartners zu verschwenden oder unentschlossen aufzutreten, sondern sprich Klartext. Mach ihn glücklich, indem Du konkrete Ziele und konkrete Ergebnisse lieferst. Setze Fristen. Und bleib dabei ganz locker, ganz entspannt und wenig beeindruckt.

Do: SO GEWINNST DU DEN HENGST!

Sei schnell, komm auf den Punkt und kommuniziere klar, deutlich und entschlossen, was Du willst und was der Hengst (dein Kunde, der diesem Typ entspricht) als positives Ergebnis davon hat, sich für Dein Angebot zu entscheiden.

Reduziere Dein Angebot in der Kommunikation auf das absolut Wesentliche, das Dein Gegenüber wissen muss, um eine Entscheidung zu treffen. Fordere stets eine schnelle Entscheidung, wobei dieser Menschentyp sich ohnehin nahezu sofort entscheiden wird.

Gib ihm Bestätigung und verkaufe ihm Dein Angebot als die absolute Spitzenleistung. Dieser Menschentyp kauft wegen Dir, aufgrund von Vertrauen und ist ganz stark emotionsgetrieben. Dadurch ist er häufig auch ein Status-Jäger. Nutze dieses Wissen, um ihm das Gefühl zu geben, mit Deinem Angebot die absolut beste Entscheidung seines Lebens zu treffen.

TIPP: Er liebt es, bewundert zu werden und zu hören, wie toll er ist. Auch das kannst und solltest Du in Deiner Internet oder Angebotspräsentation entsprechend aufgreifen. Wiederhole immer wieder Sätze wie: „Wenn Sie sich dafür entscheiden, macht Sie das zur absoluten Nr. 1" oder „Damit sind Sie einer der ersten ..."

Der Hengst liebt es, Vorreiter zu sein und fürchtet kein Risiko!

Don't: DAS SOLLTEST DU IM UMGANG MIT DEM HENGST VERMEIDEN!

Verzichte auf Ausschweife, lange Erzählungen, Zahlen, Daten und Fakten. Verschwende auf keinen Fall die Zeit dieses Menschentyps, das macht ihn ungeduldig und er schaltet innerlich sofort ab und verlässt womöglich sogar den Raum oder im Internet Deine Seite. Der Hengst hat eine hohe Wechselneigung. Wenn ihm etwas nicht passt, ändert er das und zwar meist sofort!

Marketing für den Kundentyp HENGST:

» *Formuliere Dein Angebot im Klartext! Sehr deutlich, sehr präzise, auf den Punkt gebracht. Weniger ist mehr!*
» *Schnell, kurz und knackig sollte Deine Devise im Umgang mit diesem Menschentyp sein.*
» *Vermittele ihm das Gefühl, der BESTE, DIE NUMMER 1 zu sein.*
» *Status ist von hoher Relevanz. Verwende in Beispielen oder Erzählungen immer wieder Statussymbole. Damit kann sich der Hengst häufig stark identifizieren.*
» *Gib dem Hengst das Gefühl, etwas Besonderes zu sein:*
» *Limitiere Dein Angebot.*
» *Mach Dein Angebot im Marketing nur für einen ganz kleinen Personenkreis zugänglich. Zu diesem Personenkreis gehört dann z. B. Dein Wunschkunde: der Hengst. Das gefällt ihm.*
» *Vermeide langweilige Ausschweifungen.*
» *Erkläre auf keinen Fall das WIE, für den Hengst zählen nur Ergebnisse.*
» *Sei entschlossen und stark, Unentschlossenheit und Unsicherheit verärgern den Hengst.*
» *Gib dem Hengst regelmäßig Bestätigung.*
» *Sei aufmerksam und ehre den Hengst.*

DER RICHTIGE UMGANG MIT DEINER ZIELGRUPPE

Am Ende dieser Erläuterungen frag Dich bitte nun, welcher Menschentyp Du bist und beziehe dies auch auf Deine aktuellen Kunden bzw. auf Deine künftigen WUNSCH-KUNDEN. Geh für Dich die folgenden Punkte durch:

1. Was muss ich künftig beachten?
2. Was habe ich bislang im Umgang bewusst oder unbewusst mit meinen Kunden, aufgrund dieses Wissens, richtig gemacht?
3. Was kann ich in Zukunft verbessern?
4. Gab es einen „AHA-Moment"?

Mit diesem Kapitel hast Du den Abschluss für dieses Buch erreicht. Geh raus, sei mutig und sprich mit Deinem Wunsch-Kunden! Wer sich positioniert, sollte niemals vergessen, vorab oder während des Prozesses mit dem zu sprechen, den er erreichen möchte.

Schließlich geht es um die Wahrnehmung Deines Wunsch-Kunden Dir und Deiner Leistung gegenüber. Stell sicher, dass Deine Kommunikation unmissverständlich richtig und klar die Wahrnehmung bei Deiner Wunsch-Zielgruppe auslöst, die Du auch tatsächlich erzielen möchtest.

Alle Werkzeuge, Tools und Methoden dazu hast Du in den letzten Kapiteln erfahren.

3

KAPITEL 36

DAS ENDE
MEIN WUNSCH FÜR DICH

„*Positionierung ist ein Prozess von Klarheit,
Wirkung, Kreativität und Mut.
Positionierung begeistert. Wer begeistert verkauft!*"

Stephy Beck

Wir sind am Ende angekommen. Wenn Du bis hierhin gelesen hast, gratuliere ich Dir von ganzem Herzen! Das ist großartig und nun ist es Zeit, kurz durchzuatmen und Dir selbst auf die Schulter zu klopfen.

Nur ein kleiner Prozentanteil gelangt tatsächlich bis an die Spitze. Du bist auf dem besten Weg dorthin und dazu gehört es auch, ab und an mal kurz innezuhalten, zu reflektieren und sich selbst bewusst zu machen, wie viel Erfolg und Fortschritte Du in den letzten Kapiteln persönlich und beruflich durchdacht, erlebt, erarbeitet und bewusst oder unbewusst erzeugt hast.

Du bist stark gewachsen.

Du hast über 250 Seiten Arbeitsmaterial durchgearbeitet. Du hast Dich persönlich weiterentwickelt.

Du bist über Deine Ängste hinausgewachsen.

Du bist in die Welt der Positionierung eingetaucht.

Du hast erkannt, was Deine wirkliche Position im Leben ist. Du weißt, wer Dein Wunsch-Kunde ist.

Du hast Dich in Deinen Wunsch-Kunden im Detail hineinversetzt und verstehst ihn.

Du weißt, wie Du mit Deinem Wunsch-Kunden umgehst, um ihn für Dich zu gewinnen.

Du hast die Sprache Deines Kunden gelernt.

Du weißt, dass es um Ergebnis-Kommunikation geht.

Du hast verstanden, dass Du positioniert bist, auch wenn Du Dich nicht aktiv positioniert hast und das Wichtigste:

Du weißt heute, was Du im Leben wirklich willst und mit diesem Buch hast Du die Anleitung zur Umsetzung in den Händen.

Nun geht es an die Umsetzung, die Kommunikation und Deine Sichtbarkeit. Geh raus, trau Dich und hol Dir, was Du Dir wünschst!

Nichts hält Dich, außer Dir selbst.

Ich wünsche Dir von Herzen alles Gute, Mut, Inspiration und maximalen Erfolg! Ich bin mir ganz sicher wir sehen uns eines Tages und bis dahin: Freue ich mich von Dir zu lesen oder Dich in meiner kostenfreien facebook-Community herzlich willkommen zu heißen.

Alles Liebe,

Stephy Beck

ÜBER DIE AUTORIN

Stephy Beck ist mit Herz und Seele Unternehmerin, Storyteller und Autorin. Ihr erstes Unternehmen gründete Sie bereits mit 18 Jahren. Stephy lebte 8 Monate in Santa Monica, der Küste Kaliforniens in Los Angeles. 2014 wurde Sie gemeinsam mit Ihrem Team von der weltweit führenden Suchmaschine Google im Headquarter von Europa ausgezeichnet.

Heute ist Stephy Inhaberin und Mitgesellschafterin von fünf internationalen Firmen in den Bereichen Software/IT, Marketing und Branding. Ihr Hauptfokus gilt der STEPHY BECK AKADEMIE, in der Sie Selbstständigen und Unternehmern zu einer einzigartigen Positionierung, Freiheit und Wohlstand verhilft.

Stephy selbst lebt in Dubai, doch die meiste Zeit ist die Welt ihr Zuhause. Sie liebt das Reisen. Ihre Kreativität zieht Sie aus den Menschen, der Kultur und dem Abenteuer der Welt.

Ihr Lebensmotto „try and win" (#tryandWIN). Wer es versucht, der gewinnt immer!

VERNETZE DICH MIT MIR!

Werde jetzt Teil meiner kostenfreien

FACEBOOK-COMMUNITY

für Unternehmer und Selbstständige

https://stephybeck-akademie.com/facebook

FOLGE MIR AUF:

» YouTube: https://stephybeck-akademie.com/youtube
» Community: https://stephybeck-akademie.com/community
» Linkedin: https://stephybeck-akademie.com/linkedin
» Instagram: https://stephybeck-akademie.com/instagram
» Xing: https://stephybeck-akademie.com/xing

Zugangscode - Kostenfreies e-Book

Gehen Sie auf **https://link.cherrymedia.de/EPUB** und geben Sie Ihren Zugangscode ein um Ihr kostenfreies e-Book herunterzuladen.

LLDJ-PDHA-P72H